# 七俠五義 卷二

## 《世紀前百大文學系列作品》

The Seventh Justice

石玉昆著

ISBN-13: 978-1978193864

ISBN-10: 1978193866

石玉昆

# 《目录》
## ～世紀前百大文學系列作品～

## 第二十九回　丁兆蕙茶鋪偷鄭新　展熊飛湖亭會周老

　　且說那邊展爺，自從那武生一上樓時看去便覺熟識。後又聽他與茶博士說了許多話，恰與自己問答的一一相對。細聽聲音，再看面龐，恰就是救周老的漁郎。心中躊躇道：「他既是武生，為何又是漁郎呢？」一邊思想，一邊擎杯，不覺出神，獨自呆呆的看著那武生。忽見那武生立起，向著展爺一拱手道：「尊兄請了！」展爺連忙放下茶杯，答禮道：「兄台請了！若不棄嫌，何不屈駕這邊一敘。」那武生道：「既承雅愛，敢不領教。」於是過來彼此一揖。展爺將前首座兒讓與武生坐了，自己在對面相陪。此時茶博士將茶取過來，見二人坐在一處方才明白：「他兩個敢是一路同來的，怨不得問的話語相同呢。」

　　笑嘻嘻，將他一壺雨前茶一個茶杯也放在那邊。那邊八碟兒外敬算他白安放了。剛然放下茶壺，只聽武生道：「六槐，你將茶且放過一邊，我們要上好的酒，拿兩角來。菜蔬不必吩咐，只要應時配口的拿來就是了。」六槐連忙答應，下樓去了。

　　那武生便問展爺道：「尊兄貴姓？仙鄉何處？」展爺道：

「小弟常州府武進縣姓展名昭字熊飛。」那武生道：「莫非新升四品帶刀護衛，欽賜『御貓』，人稱南俠展老爺麼？」展爺道：「惶恐惶恐。豈敢豈敢。請問兄台貴姓？」那武生道：「小弟松江府茉花村姓丁名兆蕙。」展爺驚訝道：「莫非令兄名兆蘭，人稱為雙俠，丁二官人麼？」丁二爺道：「慚愧；慚愧。賤名何足掛齒。」展爺道：「久仰尊昆仲名譽，屢欲拜訪，不意今日邂逅，實為萬幸。」丁二爺道：「家兄時常思念吾兄，原要上常州地面，未得其便。後來又聽得吾兄榮升，因此不敢仰攀。不料今日在此幸遇，實慰渴想。」展爺道：「兄台再休提那封職。小弟其實不願意。似乎你我弟兄疏散慣了，尋山覓水，何等的瀟灑。今一旦為官羈絆，反覺心中不能暢快，實實出於不得已也。」丁二爺道：「大丈夫生於天地之間，理宜與國家出力報效。吾兄何出此言？莫非言與心違麼？」展爺道：「小弟從不撒謊。其中若非關礙著包相爺一番情意，弟早已的掛冠遠隱了。」說至此茶博士將酒饌俱已擺上。丁二爺提壺斟酒，展爺回敬，彼此略為謙遜，飲酒暢敘。

展爺便問：「丁二兄如何有漁郎裝束？」丁二爺笑道：「小弟奉母命上靈隱寺進香，行至湖畔，見此名山，對此名泉，一時技癢，因此改扮了漁郎。原為遣興作耍，無意中救了周老，也是機緣湊巧。兄台休要見笑。」正說之間，忽見有個小童上得樓來，便道：「小人打量二官人必是在此，果然就在此間。」

7

丁二爺道：「你來作什麼？」小童道：「方纔大官人打發
人來，請二官人早些回去。現有書信一封。」丁二爺接過來看
了道：「你回去告訴他，說我明日即回去。」略頓了一頓，又
道：「你叫他暫且等等罷。」展爺見他有事，連忙道：「吾兄
有事，何不請去。難道以小弟當外人看待麼？」丁二爺道：
「其實也無什麼事。既如此，暫告別。請吾兄明日午刻，千萬
到橋亭一會。」展爺道：「謹當從命。」丁二爺便將六槐叫過
來道：「我們用了多少，俱在櫃上算帳。」展爺也不謙遜，當
面就作謝了。丁二爺執手告別，下樓去了。

展爺自己又獨酌了一會，方慢慢下樓，在左近處找了寓所。

歇至二更以後，他也不用夜行衣，就將衣襟拽了一拽，袖
子捲了一捲，佩了寶劍悄悄出寓所。至鄭家後樓，見有牆角，
縱身上去。繞至樓邊，又一躍，到了樓簷之下。見窗上燈光，
有婦人影兒，又聽杯響聲音。忽聽婦人問道：「你請官人，如
何不來呢？」丫鬟道：「官人與茶行兌銀兩呢，兌完了也就來
了。」

又停一會，婦人道：「你再去看看。天已三更，如何還不
來呢？」

　　丫鬟答應下樓。猛又聽得樓梯亂響，只聽有人嘮叨道：「沒有銀子要銀子，及至有了銀子，他又說深夜之間難拿，暫且寄存，明日再拿罷。可惡的狠！上上下下，叫人費事。」說著話，只聽唧叮咕咚一陣響，是將銀子放在桌子上的光景。展爺便臨窗偷看。見此人果是白晝在竹椅上坐的那人；又見桌上堆定八封銀子，俱是西紙包妥，上面影影綽綽有花押。只見鄭新一邊說話，一邊開那邊的假門兒，口內說道：「我是為交易買賣。娘子又叫丫鬟屢次請我，不知有什麼緊要事？」手中卻一封一封將銀收入櫃子裡面，仍將假門兒扣好。只聽婦人道：「我因想起一宗事來，故此請你。」鄭新道：「什麼事？」婦人道：「就是為那老厭物。雖則逐出境外，我細想來，他既敢在縣裡告下你來，就保不住他在別處告你，或府裡或京城，俱是不免的。那時怎麼好呢？」鄭新聽了半晌，歎道：「若論當初，原受過他的大恩。如今將他鬧到這步田地，我也就對不過我那亡妻了。」說至此聲音卻甚慘切。

　　展爺在窗外聽，暗道：「這小子尚有良心。」忽聽有摔筷墩酒杯之聲。再細聽時，又有抽抽噎噎之音，敢則是婦人哭了。

　　只聽鄭新說道：「娘子不要生氣，我不過是那麼說。」婦人道：「你既惦著前妻，就不該叫她死，也不該又把我娶來。」

鄭新道：「這原是因話提話。人已死了我還惦記作什麼？再者她要緊，你要緊呢？」說著話，便湊過婦人那邊去，央告道：「娘子，是我的不是，你不要生氣。明日再設法出脫那老厭物便了。」

又叫丫鬟燙酒：「與你奶奶換酒。」一路緊央告，那婦人方不哭了。

大凡婦人曉得三從四德，不消說那便是賢德的了。惟有這不賢之婦，他不曉三從為何物，四德為何事。他單有三個字的訣竅。是哪三個字呢？乃惑、觸、嚇也。一進門時，尊敬丈夫，言語和氣。丈夫說這個好，他便說妙不可言；丈夫說那個不好，他便說斷不可用。真是百依百隨，哄得丈夫心花俱開。趁著歡喜之際，他便暗下針砭，這就用著蠱惑了。說那個不當這麼著，說這個不當那麼著。看丈夫的光景，若是有主意的男子，迎頭攔住他，這惑字便用不著，只好另打主意；若遇無主意的男子，聽了那蠱惑之言，漸漸的心地就貼服了婦人。婦人便大施神威，處處全以惑字當先，管保叫丈夫再也逃不出這惑字圈兒去。此是訣竅，算用著了。將丈夫的心籠絡住了，他便漸漸的放肆起來。稍有不合心意之處，不是墩摔就是嚷鬧，故意的觸動丈夫之怒，看丈夫能受不能受。若剛強的男子，便怒上加怒，不是喝罵就是毆打。見他觸字不能行，他便斂聲息氣，趕早收起來。

偏有一等不做臉兒男子，本是自己生氣來著，忽見婦人一鬧，他不但沒氣，反倒笑了。只落得婦人聒絮不休，那男子竟會無言可對。從此後再要想他不觸而不可得。至於嚇，又是從觸中生出來的變字。今日也觸，明日也觸，觸得丈夫全然不知不覺，習慣成自然了。他又從觸字之餘波，改成了嚇字之機變，三行鼻涕，兩行淚，無故的關門不語，呼之不應；平空的囑託後事，彷彿是臨別贈言。更有一等可惡者，尋刀覓剪，明說大賣，就猶如明火執仗的強盜相似。弄得男人抿耳攢蹄，束手待斃，恨不得歃血盟誓。自朝至夕，但得承一時之歡顏，不亞如放赦的一般。家庭之間，若真如此，雖則男子的乾剛不振，然而婦人之能為，從此已畢矣。即如鄭新之婦，便是用了三絕藝，已至於惑觸之局中，尚未用嚇字之變格。

　　且說丫鬟奉命溫酒，剛然下樓，忽聽嘮唷一聲，轉身就跑上樓來，只嚇得張口結舌，驚慌失措。鄭新一見，便問道：「你是怎麼了？」丫鬟喘吁吁，方說道：「了……了不得，樓……樓底下火……火球兒亂……亂滾。」婦人聽了，便接言道：「這也犯的上嚇的這個樣兒？這別是財罷？想來是那老厭物攢下的私蓄，埋葬在那裡罷。我們何不下去瞧瞧，記明白了地方兒，明日慢慢的再刨。」一席話說得鄭新貪心頓起，忙叫丫鬟點燈籠。丫鬟卻不敢下樓取燈籠，就在蠟台上見有個蠟頭兒，在燈上對著，手裡拿著，在前引路。婦人後面跟隨鄭新，

11

也隨在後同下樓來。

此時窗外展爺滿心歡喜，暗道：「我何不趁此時撬窗而入，偷取他的銀兩呢？」剛要抽劍，忽見燈光一晃，卻是個人影兒。連忙從窗牖孔中一望，只樂了個樂不可支。原來不是別人，卻是救周老兒的漁郎到了。暗暗笑道：「敢則他也是向這裡挪借來了。只是他不知放銀之處，這卻如何能告訴他呢？」

心中正自思想，眼睛卻往裡留神。只見丁二爺也不東瞧西望，他竟奔假門而來。將手一按，門已開放，只見他一封一封往懷裡就揣。屋裡在那裡揣，展爺在外頭記數兒；見他一連揣了九次，仍然將假門兒關上。展爺心中暗想：「銀子是八封，他卻揣了九次，不知那一包是什麼？」正自揣度，忽聽樓梯一陣亂響，有人抱怨道：「小孩子家，看不真切，就這麼大驚小怪的！」

正是鄭新夫婦同著丫鬟上樓來了。展爺在窗外不由地暗暗著急，道：「他們將樓門堵住，我這朋友他卻如何脫身呢？他若是持刀威嚇，那就不是俠客的行為了。」忽然眼前一黑，再一看時，屋內已將燈吹滅了。展爺大喜，暗暗稱妙。忽聽鄭新噯喲道：「怎麼樓上燈也滅了？你又把蠟頭兒擲了，燈籠也忘了撿起來，這還得下樓取火去。」展爺在外聽的明白，暗道：

「丁二官人真好機靈，藉著滅燈，他就走了，真正的爽快。」
忽又自己笑道：「銀兩業已到手，我還在此做什麼？難道人家
偷驢，我還等著拔橛兒不成。」將身一順，早已跳下樓來，復
又上了牆角，落在外面，暗暗回到下處。真是神安夢穩，已然
睡去了。

　　再說鄭新叫丫鬟取了火來一看，假門彷彿有人開了。自己
過去開了一看，裡面的銀子一封也沒有了，忙嚷道：「有了賊
了！」他妻子便問：「銀子失了麼？」鄭新道：「不但才拿來
的八封不見了，連舊存的那一包二十兩銀子也不見了。」夫妻
二人又下樓尋找了一番，那裡有個人影兒。兩口子就只齊聲叫
苦，這且不言。

　　展熊飛直睡至次日紅日東昇，方才起來梳洗，就在客寓吃
了早飯，方慢慢往斷橋亭而來。剛至亭上，只見周老兒坐在欄
杆上打盹兒呢。展爺悄悄過去將他扶住了，方喚道：「老丈醒
來，老丈醒來。」周老猛然驚醒，見是展爺連忙道：「公子爺
來了。老漢久等多時了。」展爺道：「那漁哥還沒來麼？」周
老道：「尚未來呢。」展爺暗忖道：「看他來時是何光景。」

　　正犯想間，只見丁二爺帶著僕從二人竟奔亭上而來。展爺：
「送銀子的來了。」周老兒看時，卻不是漁郎，也是一位武生

公子。及至來到切近，細細看時誰說不是漁郎呢。周老者怔了
一怔，方才見禮。丁二爺道：「展兄早來了麼？真信人也。」
又對周老道：「老丈，銀子已有在此。不知你可有地基麼？」
周老道：「有地基。就在鄭家樓有一箭之地，有座書畫樓，乃
是小老兒相好盂先生的。因他年老力衰，將買賣收了，臨別時
就將此樓託付我了。」丁二爺道：「如此甚好。可有幫手麼？」

　　周老道：「有幫手，就是我的外甥烏小乙。當初原是與我
照應茶樓，後因鄭新改了字號，就把他撙了。」丁二爺道：
「既如此，這茶樓是開定了，這口氣也是要賭准了。如今我將
我的僕人留下，幫著與你料理一切事體。此人是極可靠的。」
說罷叫小童將包袱打開。展爺在旁細細留神。不知改換的如何？
且聽下回分解。

# 第三十回　濟弱扶傾資助周老　交友投分邀請南俠

且說丁二爺叫小童打開包袱。仔細一看，卻不是西紙全換了桑皮紙，而且大小不同，仍舊是八包。丁二爺道：「此八包分兩不同，有輕有重，通共是四百二十兩。」展爺方明白，晚間揣了九次，原來是饒了二十兩來。周老兒歡喜非常，千恩萬謝。丁二爺道：「若有人問你銀子從何而來，你就說鎮守雄關總兵之子，丁兆蕙給的，在松江府茉花村居住。」展爺也道：「老丈，若有人問誰是保人，你就說常州府武進縣遇傑村姓展名昭的保人。」周老一一記了。又將昨日丁二爺給的那一錠銀子拿出來，雙手捧與丁二爺道：「這是昨日公子爺所賜，小老兒尚未敢動。今日奉還。」丁二爺笑道：「我曉得你的意思了。昨日我原是漁家打扮，給你銀兩，你恐使了被我訛詐。你如今放心罷。既然給你銀兩，再沒有又收回來的道理。就是這四百多兩銀子，也不和你要利息。若日後有事到了你這裡，只要好好地預備一碗香茶，那便是利息了。」周老兒連聲應道：「當得。當得。」丁二爺又叫小童將昨日的漁船喚了來，將周老的衣服業已洗淨曬乾，叫他將漁衣換了。又賞了漁船上二兩銀子。就叫僕從幫著周老兒，拿著銀兩隨去料理。周老兒便要跪倒叩

頭，丁二爺與展爺連忙攙起，又囑咐道：「倘若茶樓開了之後，再不要粗心改換字號。」周老兒連說：「再不改了。再不改了。」隨著僕人，歡歡喜喜去了。

　　此時展爺從人已到，拉著馬匹在一邊伺候。丁二爺問道：「那是展兄的尊騎麼？」展爺道：「正是。」丁二爺道：「昨日家兄遣人來喚小弟，小弟叫來人帶信回稟家兄，說與吾兄巧遇。家兄欲見吾兄，如渴想漿。弟要敦請展兄逕勁敝莊，盤桓幾日，不知肯光顧否？」展爺想了一想，自己原是無事，況假滿尚有日期，趁此何不會會知己，也是快事，便道：「小弟久已要到寶莊奉謁，未得其便。今既承雅愛，敢不從命。」便叫過從人來，告訴道：「我上松江府茉花村丁大員外丁二員外那裡去了。我們乘舟，你將馬匹俱各帶回家去罷。不過五六日，我也就回家了。」從人連連答應。剛要轉身，展爺又喚住，悄悄地道：「展忠問時，你就說為聯姻之事去了。」從者奉命，拉著馬匹，各自回去不提。

　　且說展爺與丁二爺，帶領小童一同登舟，竟奔松江府。水路極近，丁二爺乘舟慣了，不甚理會；惟有展爺，今日坐在船上玩賞沿途景致，不覺地神清氣爽，快樂非常，與丁二爺說說笑笑，情投意合。彼此方敘明年庚。丁二爺小，展爺大兩歲，便以大哥呼之。展爺便稱丁二爺為賢弟。因敘話間，又提起周

老兒一事，展爺問道：「賢弟奉伯母之命，前來進香，如何帶許多銀兩呢？」丁二爺道：「原是要買辦東西的。」展爺道：「如今將此銀，贈了周老，又拿什麼買辦東西呢？」丁二爺道：「弟雖不才，還可以借得出來。」展爺笑道：「借得出來更好，他若不借，必然將燈吹滅便可借來。」丁二爺聽了，不覺詫異道：「展大哥此話怎講？」展爺笑道：「莫道人行早，還有早行人。」

便將昨晚之事說明。二人鼓掌大笑。

說話間，舟已停泊，搭了跳板，二人棄舟登岸。丁二爺叫小童先由捷徑送信，他卻陪定展爺慢慢而行。展爺見一條路徑，俱是三合土壘成，一半是天然，一半是人力，平平坦坦乾乾淨淨。兩邊皆是密林，樹木叢雜。中間單有引路樹。樹下各有一人，俱是濃眉大眼，闊腰厚背。頭上無網巾，髮挽高絡，戴定蘆葦編的圈兒。身上各穿著背心，赤著雙膊，青筋暴露，抄手而立。卻赤著雙足，也有穿著草鞋的，俱將褲腿卷在膝蓋之上，不言不語。一對樹下有兩個人。展爺往那邊一望，一對一對的，實在不少，心中納悶，便問丁二爺道：「賢弟，這些人俱是做什麼的？」二爺道：「大哥有所不知。只因江中有船五百餘隻，每每地械鬥傷人。因在江中蘆花蕩分為交界，每人各管船二百餘隻。十船一小頭目，百船一大頭目，又有一總首領。奉府內，

蘆花蕩這邊，俱是我弟兄二人掌管。除了府內的官用魚蝦，其下定行市開秤，惟我弟兄命令是從。這些人俱是頭目，特來站班朝面的。」展爺聽罷，點了點頭。

　　走過土基的樹林，又有一片青石魚鱗路，方是莊門。只見廣梁大門，左右站立多少莊丁伴當。台階之上，當中立著一人，後面又圍隨著多少小童執事之人。展爺臨近，見那人降階迎將上來，倒把展爺嚇了一跳。原來兆蘭弟兄乃是同胞雙生，兆蘭比兆蕙大一個時辰，因此面貌相同。從小兒兆蕙就淘氣。莊前有賣吃食的來，他吃了不給錢抽身就走。少時賣吃食的等急了在門前亂嚷。他便同哥哥兆蘭一齊出來，叫賣吃食的廝認。那賣吃食的竟會分不出來是誰吃的。再不然他兄弟二人倒替著吃了，也竟分不出是誰多吃是誰少吃。必須賣吃的著急央告他二人，方把付給以博一笑而已。如今展爺若非與丁二官人同來，也竟分不出是大爺來。彼此相見，歡喜非常。

　　攜手剛至門前，展爺便從腰間把寶劍摘下來，遞給旁邊一個小童。一來初到友家，不當腰懸寶劍；二來又知丁家弟兄有老伯母在堂，不宜攜帶利刃，這是展爺細心處。

　　三個人來至待客廳上，彼此又從新見禮。展爺與丁母太君請安。丁二爺正要進內請安去，便道：「大哥暫且請坐。小弟

必替大哥在家母前稟明。」說罷進內去了。廳上丁大爺相陪。又囑咐預備洗面水，烹茗獻茶，彼此暢談。丁二爺進內有二刻的工夫，方才出來說：「家母先叫小弟問大哥好。讓大哥歇息歇息，少時還要見面呢。」展爺連忙立起身來，恭敬答應。只見丁二爺改了面皮，不似路上的光景，嘻嘻笑笑又是頑戲又是刻薄，竟自放肆起來。展爺以為他到了家，在哥哥的面前嬌癡慣了，也不介意。丁二爺便問展爺道：「可是嚇大哥。包公待你甚厚，聽說你救過他多少次，是怎麼件事情呀？小弟要領教，何不對我說說呢。」展爺道：「其實也無要緊。」便將金龍寺遇凶僧，土龍崗逢劫奪，天昌鎮拿刺客，以及龐太師花園衝破邪魔之事，滔滔說了一回。道：「此事皆是你我行俠之人當作之事，不足掛齒。」二爺道：「也倒有趣，聽著怪熱鬧的。」又問道：「大哥又如何面君呢？聽說耀武樓試三絕技，敕賜『御貓』的外號兒，這又是什麼事情呢？」展爺道：「此事便是包相爺的情面了。」又說包公如何遞摺，聖上如何見面。「至於演試武藝，言之實覺可愧。無奈皇恩浩蕩，賞了『御貓』二字，又加封四品之職。原是個瀟灑的身子，如今倒弄得被官拘束住了。」二爺道：「大哥休出此言。想來是你的本事過的去，不然聖上如何加恩呢？大哥提舞劍，請寶劍一觀。」

展爺道：「方纔交付盛價了。」丁二爺回首道：「你們誰接了展老爺的劍了？拿來我看。」只見一個小童將寶劍捧過來

呈上。

　　二爺接過來，先瞧了瞧劍鞘，然後攏住劍靶，將劍抽出隱隱有鐘磬之音。連說：「好劍！好劍！但不知此劍何名？」展爺暗道：「看他這半天言語嘻笑於我，我何不叫他認認此寶，試試他的目力如何。」便道：「此劍乃先父手澤，劣兄雖然佩帶，卻不知是何名色，正要在賢弟跟前領教。」二爺暗道：「這是難我來了。倒要細細看看。」瞧了一會道：「據小弟看此劍，彷彿是『巨闕』。」說罷遞與展爺。展爺暗暗稱奇道：「真好眼力！不愧他是將門之子。」便道：「賢弟說是『巨闕』想來是『巨闕』無疑了。」便要將劍入鞘。二爺道：「好哥哥，方才聽說舞劍，弟不勝欽仰。大哥何不試舞一番，小弟也長學問。」展爺是斷斷不肯，二爺是苦苦相求。丁大爺在旁卻不攔擋，只是說道：「二弟不必太忙，讓大哥喝杯酒，助助興，再舞不遲。」說罷吩咐道：「快擺酒來。」左右連聲答應。

　　展爺見此光景，不得不舞，再要推托便是小家氣了。只得站起身來，將袍襟掖了一掖，袖子挽了一挽說道：「劣兄劍法疏略，不到之處，望祈二位賢弟指教為幸。」大爺、二爺連說：「豈敢！豈敢！」一齊出了大廳。在月台之上，展爺便舞起劍來。丁大爺在那邊恭恭敬敬，留神細看。丁二爺卻靠著廳柱，蹺著腳兒觀瞧。見舞到妙處，他便連聲叫好。展爺舞了多時，

煞住腳步道：「獻醜！獻醜！二位賢弟看著如何？」丁大爺連聲道好稱妙。二爺道：「大哥劍法雖好，惜乎此劍有些押手。弟有一劍管保合式。」說罷便叫過一個小童來，密密吩咐數語。小童去了。

此時丁大爺已將展爺讓進廳來。見桌前擺列酒餚，丁大爺便執壺斟酒將，展爺讓至上面，弟兄左右相陪。剛飲了幾杯，只見小童從後面捧了劍來。二爺接過來，噌愣一聲，將劍抽出，便遞與展爺道：「大哥請看。此劍也是先父遺留，弟等不知是何名色。請大哥看看弟領教。」展爺暗道：「丁二真正淘氣，立刻他就報仇，也來難我來了。倒要看看。」接過來，彈了彈，掂了掂，便道：「好劍！此乃『湛盧』也。未知是與不是？」丁二爺道：「大哥所言不差。但不知此劍舞起來又當何如？大哥尚肯賜教麼？」展爺卻瞧了瞧丁大爺，意思叫他攔阻。誰知大爺乃是個老實人，便道：「大哥不要忙，先請飲酒，助助興，再舞未遲。」展爺聽了道：「莫若舞完了再飲罷。」出了席，來至月台，又舞一回。丁二爺接過來道：「此劍大哥舞著吃力麼？」

展爺滿心不樂，答道：「此劍比劣兄的輕多了。」二爺道：「大哥休要多言。輕劍即是輕人。此劍卻另有個主兒，只怕大哥惹他不起。」一句話激惱了南俠，便道：「老弟你休要害怕。

21

任憑是誰的，自有劣兄一面承管，怕他怎的！你且說出這個主兒來。」二爺道：「大哥悄言。此劍乃小妹的。」展爺聽了瞅了二爺一眼，便不言語了。大爺連忙遞酒。

忽見丫鬟出來說道：「太君來了。」展爺聞聽，連忙出席整衣，向前參拜。丁母只略略謙遜，便以子侄禮見畢。丁母坐下。展爺將座位往側座挪了一挪，也就告座坐了。此時丁母又細細留神，將展爺相看了一番，比屏後看得更真切了。見展爺一表人材，不覺滿心歡喜，開口便以賢侄相稱。這卻是二爺與丁母商酌明白的，若老太太看了中意，就呼為賢侄；倘若不願意，便以貴客呼之。再者男婚女配，兩下願意，也須暗暗通個消息，妹子願意方好。二爺見母親稱呼展爺為賢侄，就知老太太是願意了。他便悄悄兒溜出，竟往小姐繡戶而來。未知說些什麼，且聽下回分解。

# 第三十一回　展熊飛比劍定良姻　鑽天鼠奪魚甘賠罪

　　且說丁二爺到了院中，只見丫鬟抱著花瓶，換水插花。見了二爺進來，丫鬟揚聲道：「二官人進來了。」屋內月華小姐答言：「請二哥哥屋內坐。」丁二爺掀起繡簾，來至屋內，見小姐正在炕上弄針黹呢。二爺問道：「妹子做什麼活計？」小姐說：「鎖鏡邊上頭口兒呢。二哥前廳有客，你怎麼進了裡面來了呢？」丁二爺佯問道：「妹子如何知道前廳有客呢？」月華道：「方纔取劍，說有客要領教，故此方知。」丁二爺道：「再休提劍。只因這人乃常州府武進縣遇傑村姓展名昭表字熊飛，人皆稱他為南俠，如今現作皇家四品帶刀的護衛。哥哥久已知道此人，但未會面。今日見了，果然好人品，好相貌，好本事，好武藝。未免才高必狂，藝高必傲，竟將咱們家的湛盧劍貶得不成樣子。哥哥說此劍是另有個主兒的。他問是誰？哥哥就告訴他是妹子的。他便鼻孔裡一笑道：『一個閨中弱秀，焉有本領！』」月華聽至此，把臉一紅，眉頭一皺，便將活計放下了。

　　丁二爺暗說：「有因，待我再激她一激。」又說道：「我

23

就說：『我們將門中豈無虎女？』他就說：『雖是這麼說喲，未必有真本領。』妹子你真有膽量，何不與他較量較量呢？倘若膽怯，也只好由他說去罷。現在老太太也在廳上，故此我來對妹妹說說。」小姐聽畢，怒容滿面道：「既如此，二哥先請，小妹隨後就到。」

二爺得了這個口氣，便急忙來到前廳，在丁母耳邊悄悄說道：「妹子要與展哥比武。」話剛然說完，只見丫鬟報道：「小姐到。」丁母便叫過來，與展爺見禮。展爺心中納悶道：「功勳世胄，如此家風？」只得立起身來一揖。小姐還了萬福。展爺見小姐莊靜秀美，卻是一臉的怒氣。又見丁二爺轉身過來，悄悄地道：「大哥，都是你褒貶人家劍，如今小妹出來，不依來了。」

展爺道：「豈有此理？」二爺道：「什麼理不理的。我們將門虎女，焉有怕見人的理呢。」展爺聽了，便覺不悅。丁二爺卻又到小姐身後，悄悄道：「展大哥要與妹子較量呢。」小姐點頭首肯。二爺又轉到展爺身後道：「小妹要領教大哥的武藝呢。」

展爺此時更不耐煩，了便道：「既如此，劣兄奉陪就是了。」

誰知此時，小姐已脫去外面衣服，穿著繡花大紅小襖，繫定素羅百摺單裙，頭罩玉色綾帕，更顯得嫵媚娉婷。丁二爺已然回稟丁母，說不過是虛耍假試，請母親在廊下觀看。先挪出一張圈椅，丁母坐下。月華小姐懷抱寶劍，搶在東邊上首站定。

展爺此時也無可奈何，只得勉強掖袍挽袖。二爺捧過寶劍，展爺接過，只得在西邊下首站了。說了一聲：「請」便各拉開架式。兆蘭、兆蕙在丁母背後站立。才對了不多幾個回合，丁母便道：「算了罷。劍對劍，俱是鋒芒，不是頑的。」二爺道：「母親放心，且再看看。不妨事的。」只見他二人比並多時，不分勝負。展爺先前不過搪塞虛架，後見小姐頗有門路，不由暗暗誇獎，反倒高起興來。見有不到之處，俱各點到。點到卻又抽回，來來往往。忽見展爺用了個垂華勢，斜刺裡將劍遞進，即便抽回，就隨著劍尖滴溜溜落下一物。又見小姐用了個風吹敗葉勢，展爺忙把頭一低，將劍躲過。才要轉身，不想小姐一翻玉腕，又使了個推窗撐月勢，將展爺的頭巾削落。南俠一伏身，跳出圈外聲言道：「我輸了，我輸了。」丁二爺過來，起頭巾，撣去塵土。丁大爺過來，撿起先落的物件，一看卻是小姐耳上之環。便上前對展爺道：「是小妹輸了，休要見怪。」二爺將頭巾交過。展爺挽髮整巾，連聲讚道：「令妹真好劍法也。」丁母差丫鬟即請展爺進廳。小姐自往後邊去了。

25

丁母對展爺道：「此女乃老身侄女，自叔叔嬸嬸亡後，老身視如親生女兒一般。久已聞賢侄名望，就欲聯姻，未得其便。不意賢侄今日降臨寒舍，實乃彩絲繫足，美滿良緣。又知賢侄此處並無親眷，又請誰來相看，必要推諉；故此將小女激誘出來比劍，彼此一會，令賢侄放心。非是我世胄人家，毫無規範也。」

丁大爺亦過來道：「非是小弟在旁不肯攔阻，皆因弟等與家母已有定算，故此多有褻瀆。」丁二爺亦賠罪道：「全是小弟之過。惟恐吾兄推諉，故用此詭計，誆哄仁兄，望乞恕罪。」展爺到此時方才明白。也是姻緣，更不推辭，慨然允許。便拜了丁母，又與兆蘭、兆蕙彼此拜了。就將巨闕、湛盧二劍彼此換了，作為定禮。

二爺手托耳環，提了寶劍，一直來到小姐臥室。小姐正自納悶：「我的耳環何時削去，竟不知道，也就險的很呢。」忽見二爺笑嘻嘻的手托耳環道：「妹子耳環在這裡。」擲在一邊，又笑道：「湛盧劍也被人家留下了。」小姐才待發話，二爺連忙說道：「這都是太太的主意，妹子休要問我，少時問太太便知。大約妹子是大喜了。」說完放下劍，笑嘻嘻的就跑了。

小姐心下明白，也就不言語了。

丁二爺來至前廳，此時丁母已然回後去了。他三人從新人座，彼此說明，仍論舊交，不論新親。大爺、二爺仍呼展爺為兄。脫了俗套更覺親熱。飲酒吃飯，對坐閒談。不覺展爺在茉花村住了三日，就要告別。丁氏昆仲那裡肯放。展爺再三要行。丁二爺說：「既如此，明日弟等在望海台設一席，你我弟兄賞玩江景，暢敘一日。後日大哥再去如何？」展爺應允。

到了次日，早飯後三人出了莊門。往西走了有一里之遙，彎彎曲曲，繞到山嶺之上，乃是極高的所在，便是丁家莊的後背。上面蓋了高台五間，甚是寬闊。遙望江面一帶，水勢茫茫，猶如雪練一般。再看船隻往來，絡繹不絕。郎舅三人觀望江景，實實暢懷。不多時，擺上酒餚，慢慢消飲。正在快樂之際，只見來一漁人，在丁大爺旁邊悄語數言。大爺吩咐：「告訴頭目辦去罷。」丁二爺也不理會。展爺更難細問，仍然飲酒。遲不多時，又見來一漁人，甚是慌張，向大爺說了幾句。此次二爺卻留神，聽了一半就道：「這還了得！若要如此，以後還有個規矩麼？」對那漁人道：「你把他叫來我瞧瞧。」展爺見此光景，似乎有事方問道：「二位賢弟，為著何事？」丁二爺道：「我這松江的漁船，原分兩處，以蘆花蕩為界。蕩南有一個陷空島，島內有一個盧家莊。當初有盧太公在日，樂善好施，家

中巨富。待至生了盧方，此人和睦鄉黨，人人欽敬。因他有爬桿之能，大家送了他個綽號，叫做鑽天鼠。他卻結了四個朋友，共成五義。大爺就是盧方。二爺乃黃州人，名叫韓彰，是個行伍出身，會做地溝地雷，因此他的綽號兒叫做徹地鼠。三爺乃山西人，名叫徐慶，是個鐵匠出身，能探山中十八孔，因此綽號叫穿山鼠。至於四爺，身材瘦小，形如病夫，為人機巧伶，便智謀甚好，是個大客商出身，乃金陵人，姓蔣名平字澤長，能在水中居住，開目視物，綽號人稱翻江鼠。惟有五爺，少年華美，器宇不凡，為人陰險狠毒，卻好行俠作義，就是行事刻毒，是個武生員，金華人氏，姓白名玉堂。因他形容秀武雙全，人呼他綽號為錦毛鼠。」展爺聽說白玉堂，便道：「此人我卻認得，愚兄正要訪他。」丁二爺問道：「大哥如何認得他呢？」展爺便將苗家集之事述說一回。

正說時，只見來了一夥漁戶。其中有一人怒目橫眉，伸出掌來說道：「二位員外看見了？他們過來搶魚，咱們攔阻他，就拒起捕來了。搶了魚不算，還把我削去四指，光光的剩了一個大拇指頭。這才是好朋友呢！」丁大爺連忙攔道：「不要多言。你等急喚船來，待我等親身前往。」眾人一聽員外要去，忽地一聲，俱各飛跑去了。展爺道：「劣兄無事，何不一同前往？」丁二爺道：「如此甚好。」三人下了高台，一同來至莊前。只見從人伴當伺候，多人各執器械。丁家兄弟、展爺俱各

佩了寶劍，來至停泊之處。只見大船兩隻，是預備二位員外的。大爺獨上了一隻大船，二爺同展爺上了一隻大船，其餘小船紛紛亂亂，不計其數，竟奔蘆花蕩而來。

才至蕩邊，見一隊船皆是蕩南的字號，便知是搶魚的賊人。

丁大爺催船前進，二爺緊緊相隨。來至切近，見那邊船上立著一人，兇惡非常，手托七股魚叉，在那裡盡候廝殺。大爺的大船先到，便說：「這人好不曉事。我們素有舊規，以蘆花蕩為交界，你如何擅敢過蕩，搶了我們的魚，還傷了我們的漁戶？是何道理？」那邊船上那人道：「什麼交界不交界，咱全不管！只因我們那邊魚少，你們這邊魚多，今日暫且借用。你若不服，咱就比試比試。」丁大爺聽了這話，有些不說理，便問道：「你叫什麼名字？」那人道：「咱叫分水獸鄧彪。你問咱怎的？」丁大爺道：「你家員外哪個在此？」鄧彪道：「我家員外俱不在此。此一隊船隻就是咱管領的。你敢與咱鬧氣麼？」說著話，就要托七股叉刺來。丁大爺才待拔劍，只見鄧彪翻身落水。這邊漁戶立刻下水，將鄧彪擒住，托出水面交到丁二爺船上。二爺卻跳在大爺船上前來幫助。

你道鄧彪為何落水？原來丁大爺問答之際，二爺船已趕到，見他出言不遜，卻用彈丸將他打落水中。你道什麼彈丸？這是

二爺自幼練就的。用竹板一塊，長夠一尺八寸寬，有二寸五分厚，五分上面有個槽兒，用黃蠟攪鐵渣子團，成核桃大小，臨用時安上，在數步中打出，百發百中。又不是彈弓，又不是弩弓，自己取名兒叫做竹彈丸。這原是二爺小時頑耍的小頑藝兒，今日拿著，偌大的一個分水獸，竟會叫英雄的一個小小鐵丸打下水去咧！這才是真本領呢。

且言鄧彪雖然落水，他原是會水之人，雖被擒，不肯服氣，連聲喊道：「好呀！好呀！你敢用暗器傷人，萬不與你們甘休！」

展爺聽至此句，說用暗器傷人，方才留神細看，見他眉攢裡腫起一個大紫包來，便喝道：「你既被擒，還喊什麼？我且問你，你家五員外，他可姓白麼！」鄧彪答道：「姓白怎麼樣？他如今已下山了。」曜爺問道：「往哪裡去了？」鄧彪道：「數日之前，上東京找什麼『御貓』去了。」展爺聞聽，不由的心下著忙。

只聽得那邊一人嚷道：「丁家賢弟呀，看我盧方之面，恕我失察之罪，我情願認罰呀。」眾人抬頭，只見一隻小船，飛也似趕來，嚷的聲音漸近了。展爺留神細看來人，見他一張紫面皮，一部好鬍鬚，面皮光而生亮，鬍鬚潤而且長，身量魁梧，

器宇軒昂。丁氏兄弟亦執手道：「盧兄請了。」盧方道：「鄧彪乃新收頭目，不遵約束，實是劣兄之過。違了成約，任憑二位賢弟吩咐。」丁大爺道：「他既不知，也難譴責。此次乃無心之過也。」回頭吩咐，將鄧彪放了。這邊漁戶便道：「他們還搶了咱們好些魚具呢。」丁二爺連忙喝住：「休要多言！」盧方聽見，急急吩咐：「快將那邊魚具，連咱們魚具，俱給送過去。」這邊送人，那邊送魚具。盧方立刻將鄧彪革去頭目，即差人送往府裡究治。丁大爺吩咐：「是咱們魚具收下，是那邊的俱各退回。」兩下裡又說了多少謙讓的言語，無非論交情，講過節，彼此方執手，各自歸莊去了。未知後事如何，且聽下回分解。

# 第三十二回　夜救老僕顏生赴考　晚逢寒士金客揚言

且說丁氏兄弟同定展爺來至莊中，賞了削去四指的漁戶十兩銀子，叫他調養傷痕。展爺便提起：「鄧彪說白玉堂不在山中，已往東京找尋劣兄去了。刻下還望二位仁弟備只快船，我須急急回家，趕赴東京方好。」丁家兄弟聽了展爺之言，再也難以阻留，只得應允。便於次日備了餞行之酒，慇懃送別，反覺得戀戀不捨。展爺又進內叩別了丁母。丁氏兄弟送至停泊之處，瞧著展爺上船，分手作別。

展爺真是歸心似箭。這一日，天有二鼓，已到了武進縣，以為連夜可以到家。剛走到一帶榆樹林中，忽聽有人喊道：「救人哪！了不得了！有了打槓子的了！」展爺順著聲音迎將上去，卻是個老者，背著包袱，喘得連嚷也嚷不出來。又聽後面有人迫著，卻喊得洪亮道：「了不得！有人搶了我的包袱去了！」

展爺心下明白，便道：「老者你且隱藏，待我攔阻。」老者才往樹後一隱，展爺便蹲下身去。後面趕的只顧往前，展爺

將腿一伸，那人來的勢猛，噗哧的一聲鬧了個嘴吃屎。展爺趕上前按住，解下他的腰間搭包，寒鴉兒鳧水的將他捆了。見他還有一根木棍，就從腰間插入，斜擔的支起來。將老者喚出，問道：「你姓甚名誰？家住哪裡？慢慢講來。」老者從樹後出來，先叩謝了，此時喘已定了，道：「小人姓顏，名叫顏福，在榆林村居住。只因我家相公要上京投親，差老奴到窗友金必正處借了衣服銀兩。多承金相公一番好意，留下小人吃飯，臨走又交付老奴三十兩銀子，是贈我家相公作路費的。不想年老力衰又加目力遲鈍，因此來路晚了。剛走到榆樹林之內，便遇見這人一聲斷喝，要什麼『買路錢』。小人一聽，哪裡還有魂咧，一路好跑，喘得氣也換不上來了。幸虧大老爺相救，不然我這老命必喪於他手。」展爺聽了便道：「榆林村乃我必由之路，我就送你到家如何？」顏福復又叩謝。展爺對那人道：「你這廝深夜劫人，你還嚷人家搶了你的包袱去了。幸遇某家，這也是你昭彰報應。我也不加害於你，你就在此歇歇罷，再等個人來救你便了。」說罷，叫老者背了包袱，出了林子，竟奔榆林村。到了顏家門首，老者道：「此處便是。請老爺裡面待茶。」

一邊說話，用手叩門。只聽裡面道：「外面可是顏福回來了麼？」

展爺聽得明白便道：「我不喫茶了，還要趕路呢。」說畢，邁開大步，竟奔遇傑村而來。

單說顏福聽得是小主人的聲音，便道：「老奴回來了。」

門開處，顏福提包進來，仍然將門關好。你道這小主人是誰？乃是姓顏名查散，年方二十三歲。寡母鄭氏，連老奴顏福，主僕三口度日。因顏老爺在日為人正直，作了一任縣尹，兩袖清風，一貧如洗，清如秋水，儼似寒霜。可惜一病身亡，家業零落。顏生素有大志，總要克紹書得，滿腹經綸。屢欲赴京考試，無奈家道寒難，不能如願。因明年就是考試的年頭，還是鄭氏安人，想出個計較來，便對顏生道：「你姑母家道豐富，何不投托在彼。一來可以用功，二來可以就親，豈不兩全其美呢？」顏生道：「母親想的雖是，但姑母處已有多年不通信息，父親在日還時常寄信問候，自父親亡後遣人報信，並未見一人前來弔唁，至今音梗信杳。雖是老親，又是姑舅結下新親。奈目下孩兒功名未成，如今時勢，恐到那裡也是枉然。再者孩兒這一進京，母親在家也無人侍奉。二來盤費短少，也是無可如何之事。」母子正在商議之間，恰恰的顏生窗友金生名必正特來探訪。彼此相見，顏生就將母親之意對金生說了。金生一力擔當，慨然允許。便叫顏福跟了他去，打點進京的用度。顏生好生歡喜，即稟明老人家。安人聞聽，感之不盡。母子又計議

34

了一番。鄭氏安人親筆寫了一封書信，言言衷懇。大約姑母無有不收留孩兒之理。娘兒兩個，呆等顏福回來。天已二更，尚不見到。顏生勸老母安息，自己把卷，獨對青燈，等到四更。心中正自急躁，顏福方回來了。交了衣服銀兩，顏生大悅，叫老僕且去歇息。顏福一路勞乏，又受驚恐，已然不住，有話明日再說，也就告退了。

到了次日，顏生將衣服銀兩與母親看了。正要商酌如何進京，只見老僕顏福進來說道：「相公進京，敢情是自己去麼？」

顏生道：「家內無人，你須好好侍奉老太太。我是自己要進京的。」

老僕道：「相公若是一人赴京，是斷斷去不得的。」顏生道：「卻是為何？」顏福便將昨晚遇劫之事說了一遍。鄭氏安人聽了顏福之言，說：「是嚇，若要如此，老身是不放心的。莫若你主僕二人同去方好。」顏生道：「孩兒帶了他去，家內無人，母親叫誰侍奉？孩兒放心不下。」

正在計算為難，忽聽有人叩門。老僕答應。開門看時，見是一個小童，一見面就說道：「你老人家昨晚回來好嚇？也就不早了罷。」顏福尚覷著眼兒瞧他。那小童道：「你老人家瞧

35

什麼？我是金相公那裡的。昨日給你老人家斟酒不是我麼？」
顏福道：「哦哦是是。我倒忘了。你到此何事？」小童道：
「我們相公打發我見顏相公來了。」老僕聽了，將他帶至屋內，
見了顏生，又參拜了安人。顏生便問道：「你做什麼來了？你
叫什麼？」小童答道：「小人叫雨墨。我們相公知道相公無人，
惟恐上京路途遙遠不便，叫小人特來服侍相公進京。」又說：
「這位老主管，有了年紀，眼力不行，可以在家伺候老太太，
照看門戶，彼此都可以放心。又叫小人帶來了十兩銀子，惟恐
路上盤川不足，是要富餘些個好。」安人與顏生聽了，不勝歡
喜，不勝感激。連顏福俱樂得了不得。安人又見雨墨說話伶俐
明白，便問：「你今年多大了？」雨墨道：「小人十四歲了。」
安人道：「你小兒家能夠走路嗎？」雨墨笑道：「回稟老太太
得知，小人自八歲上就跟著小人的父親在外貿易，漫說走路，
什麼處兒的風俗遇事，眉高眼低，那算瞞不過小人的了。差不
多的道兒，小人都認得。至於上京，更是熟路了。不然我們相
公就派我來跟相公呢？」安人聞聽，更覺歡喜放心。

顏生便拜了老母。安人未免傷心落淚，將親筆寫的書信交
與顏生道：「你到京中祥符縣，問雙星巷，便知你姑父的居址
了。」

雨墨在旁道：「祥符縣南有個雙星巷，又名雙星橋，小人

36

認得的。」安人道：「如此甚好。你要好好服侍相公。」雨墨道：「不用老太太囑咐，小人知道。」顏生又吩咐老僕顏福一番，暗暗將十兩銀子交付顏福，供養老母。雨墨已將小小包裹背起來，主僕二人出門上路。

　　顏生是從未出過遠門的，走了一二十里便覺兩腿酸疼，問雨墨道：「咱們自離家門，如今走了也有五六十里路了罷？」雨墨道：「可見相公沒有出過門。這才離家有多大工夫，就會走了五六十里，那不成飛腿了麼？告訴相公說，共總走了沒有三十里路。」顏生吃驚道：「如此說來，路途遙遠，竟自難行的很呢。」雨墨道：「相公不要著急。走道兒有個法子，越不到越急越走不上來，必須心平氣和，不緊不慢，彷彿遊山玩景的一般。路上雖無景致，拿著一村一寺，皆算是幽景奇觀，遇著一石一木，亦常做是點綴的美景。如此走來走去，心也寬了，眼也亮了，乏也就忘了，道兒也就走的多了。」顏生被雨墨說得高起興來，真果沿途玩賞。不知不覺又走了二十里，覺得腹中有些飢餓，便對雨墨道：「我此時雖不覺乏，只是腹中有點空空兒的，可怎麼好？」雨墨用手一指說：「那邊不是鎮店麼？到了那裡，買些飯食，吃了再走。」

　　又走了一會，到了鎮市。顏相公見個飯鋪就要進去。雨墨道：「這裡吃不現成。相公隨我來。」把顏生帶到二葷鋪裡去

了。一來為省事，二來為省錢，這才透出他是久慣出外的油子
手兒來了呢。

主僕二人用了飯，再往前走了十多里，或樹下或道旁，隨
意歇息歇息再走。到了天晚，來到一個熱鬧地方，地名雙義鎮。
雨墨道：「相公，咱們就在此處住了罷。再往前走就太遠了。」
顏生道：「既如此，就住了罷。」雨墨道：「住是住了，若是
投店，相公千萬不要多言，自有小人答覆他。」顏生點頭應允。
及至來到店門，擋槽兒的便道：「有乾淨房屋。天氣不早了，
再要走可就太晚了。」雨墨便問道：「有單間廂房沒有？或有
耳房也使得。」擋槽兒的道：「請進去看看就是了。」雨墨道：
「若是有呢我們好看哪；若沒有我們上那邊住去。」

擋槽兒的道：「請進去看看何妨。不如意再走如何？」顏
生道：「咱們且看看就是了。」雨墨道：「相公不知，咱們若
進去，他就不叫出來了。店裡的脾氣我是知道的。」正說著，
又出來了一個小二道：「請進去，不用猶豫。訛不住你們二
位。」顏生便向裡走，雨墨只得跟隨。只聽店小二道：「相公
請看，很好的正房，三間裱糊的又乾淨又豁亮。」雨墨道：
「是不是？不進來你們緊讓，及至進來就是上房三間。我們爺
兒兩個，又沒有許多行李，住三間上房，你這還不訛了我們呢！
告訴你除了單廂房或耳房別的我們不住。」說罷回身就要走。

小二一把拉住道：「怎的了，我的二爺！上房三間，兩明一暗。你們二位住那暗間，我們算一間的房錢好不好？」顏生道：「就是這樣罷。」雨墨道：「咱們先小人後君子，說明了，我可就給一間的房錢。」小二連連答應。

主僕二人來至上房，進了暗間，將包裹放下。小二便用手擦外間桌子道：「你們二位在外間用飯罷，不寬敞麼。」雨墨道：「你不用誘。就是外間吃飯，也是住這暗間，我也是給你一間的房錢。況且我們不喝酒，早起吃的這時候還飽著呢。我們不過找補點就是了。」小二聽了光景，沒有什麼大米頭，便道：「悶一壺高香片茶來罷？」雨墨道：「路上灌的涼水這時候還滿著呢。不喝。」小二道：「點個燭燈罷？」雨墨道：「怎麼你們店裡沒有油燈嗎？」小二道：「有呵。怕你們二位嫌油煙子氣，又怕油了衣服。」雨墨道：「你只管拿來，我們不怕。」小二才回身，雨墨便道：「他倒會頑。我們花錢買燭他卻省油。敢情是裡外裡。」小二回頭瞅了一眼。取燈取了半天，方點了來問道：「二位吃什麼？」雨墨道：「說了找補吃點。不用別的，給我們一個燴鍋炸就帶了飯來罷。」店小二估量著沒有什麼想頭，抽身就走了，連影兒也不見了。等的急催他，他說：「沒得。」再催他，他說：「就得，已經下了勺了。就得，就得。」

正在等著，忽聽外面嚷道：「你這地方就敢小看人麼？小菜碟兒一個大錢，我是照顧你，賞你們臉哪！你不讓我住，還要凌辱，這等可惡！我將你這狗店用火燒了！」雨墨道：「該！這倒替咱們出了氣了。」又聽店東道：「都住滿了，真沒有屋子了。難道為你現蓋嗎？」又聽那人更高聲道：「放狗屁不臭！滿口胡說。你現蓋？現蓋也要我等得呀！你就敢凌辱？你打聽打聽唸書的人也是你敢欺負得的嗎？」顏生聽至此，不由的出了門外。雨墨道：「相公別管閒事。」剛然攔阻，只見院內那人向著顏生道：「老兄你評評這個理。他不叫我住使得。就將我這等一推，這不豈有此理麼！還要與我現蓋房去。這等可惡！」顏生答道：「兄台若不棄嫌，何不將就，在這邊屋內同住呢？」只聽那人道：「萍水相逢，如何打擾呢？」

雨墨一聽，暗說：「此事不好。我們相公要上當。」連忙迎出，見相公與那人已挽手登階，來至屋內，就在明間彼此坐了。

未知如何且聽下回分解。

# 第三十三回　真名士初交白玉堂　美英雄三試顏查散

　　且說顏生同那人進屋坐下。雨墨在燈下一看，見他頭戴一頂開花儒巾，身上穿一件零碎藍衫，足下穿一雙無根底破皂靴頭兒，滿臉塵土，實在不像唸書之人，倒像個無賴子，正思想卻他之法，又見店東親來賠罪。那人道：「你不必如此。大人不記小人過，饒恕你便了。」店東去後，顏生便問道：「尊兄貴姓？」那人道：「我姓金名懋叔。」雨墨暗道：「他也配姓金！我主人才姓金呢，那是何等體面仗義。像他這個窮樣子，連銀也不配姓呵！常言說姓金沒有金，一定窮斷筋。我們相公是要上他的當。」又聽那人道：「沒領教兄台貴姓。」顏生也通了姓名。金生道：「原來是顏兄，失敬失敬。請問顏兄用過了飯了沒有？」顏生道：「尚未。金兄可用過了？」金生道：「不曾。何不共桌而食呢？小二過來。」此時店小二拿了一壺香片茶來放在桌上。金生便問道：「你們這裡有什麼飯食？」小二道：「上等飲食八兩，中等飯六兩，下等飯……」

　　剛說至此，金生攔道：「誰吃下等飯呢，就是上等飯罷。我且問你，這上等飯是什麼餚饌？」小二道：「兩海碗兩鏇子

六大碗四中碗還有八個碟兒。無非雞鴨魚肉翅子海參等類，調度的總要合心配口。」金生道：「這魚是『包魚』呀，還是『漂兒』呢？」小二道：「是『漂兒』。」金生道：「你說是『漂兒』，那就是『包魚』。可有活鯉魚麼？」小二道：「要活鯉魚，是大的一兩二錢銀子一尾。」金生道：「既要吃，不怕花錢。我告訴你，鯉魚不過一斤的叫做『拐子』，過了一斤的才是鯉魚。不獨要活的，還要尾巴像那胭脂瓣兒相似，那才是新鮮的呢。你拿來我看。」又問：「酒是什麼酒？」小二道：「不過隨便常行酒。」金生道：「不要那個，我要喝陳年女貞陳紹。」

小二道：「有十年前的女貞陳紹，就是不零賣，那是四兩銀子一罈。」金生道：「你好貧哪！什麼四兩五兩，不拘多少，你搭一罈來，當面開開，我嘗就是了。我告訴你說，我要那金紅顏色，濃濃香倒了，碗內要掛碗，猶如琥珀一般，那才是好的呢。」

小二道：「搭一罈來，當面品嚐，不好不要錢如何？」金生道：「那是自然的。」

說話間，已經掌上兩枝燈燭。此時店小二歡喜非常，小心慇勤，自不必說。少時端了一個腰子形兒的木盆來，裡面歡蹦

亂跳、足一斤多重的鯉魚，說道：「爺上請看，這尾鯉魚何如？」

　　金生道：「魚卻是鯉魚。你務必用這半盆水，叫那魚躺著，一來顯大，二來水淺，他必撲騰，算是活跳跳的，賣這個手法兒。你不要拿著走，就在此處開了膛，省得抵換。」店小二只得當面收。金生又道：「你收好了，把他鮮爨。可是你們加什麼作料？」店小二道：「無非是香菌口蘑加些紫菜。」金生道：「我是要『尖上尖』。」小二卻不明白。金生道：「怎麼你不曉得『尖上尖』？就是那青筍尖兒上頭的尖兒，總要嫩切成條兒，要吃那麼咯吱咯吱的才好。」店小二答應。不多時又搭了一罈酒來，拿著錐子，倒流兒，並有個瓷盆。當面錐透，下上倒流兒，撤出酒來果然美味真香。先舀一杯，遞與金生，嘗了嘗道：「也還罷了。」又舀了一杯，遞與顏生嘗了嘗，自然也說好。便倒了一盆，灌入壺內，略燙一燙，二人對面消飲。小二放下小菜，便一樣一樣端上來。金生連動也不動，只吃佛手疙疸，飲酒，等吃活魚。二人飲酒閒談，越說越投機，顏生歡喜非常。少時大盤盛了魚來。金生便拿起筷子來，讓顏生道：「魚是要吃熱的，冷了就要發腥了。」給了顏生一塊，自己便將魚脊背拿筷子一劃，要了薑醋碟，吃一塊魚，喝一杯酒，連聲稱讚：「妙哉！妙哉！」將這面吃完，筷子往魚腮裡一插一翻手，就將魚的那面翻過來。又挾給了顏生一塊，仍用筷子一

劃，又是一塊魚一杯酒，將這面也吃了。然後要了一個中碗來，將蒸食雙落一對掰在碗內，一連掰了四個，舀了魚湯，泡了個稀糟，呼嚕呼嚕吃了。又將碟子扣上，將盤子那邊支起，從這邊舀了三匙湯，喝了便道：「我是飽了。顏兄自便，莫拘莫拘。」顏生也飽了，二人出席。金生吩咐：「我們就只一個小童，該蒸的該熱的，不可與他冷吃。想來還有酒，他若喝時只管給他。」店小二連連答應。說著話，他二人便進裡間屋內去了。

雨墨此時見剩了許多東西，全然不動，明日走路又拿不得，瞅著又是心疼，他哪裡吃得下去，喝了兩杯悶酒就算了。連忙來到屋內，只見金生張牙欠口，前仰後合，已有睏意。顏生道：「金兄既已乏倦，何不安歇呢？」金生道：「如此我就要告罪了。」說罷往床上一躺，呱噠一聲，皂靴頭兒掉了一隻。他又將這條腿向膝蓋一敲，又聽噗哧一聲，把那只皂靴頭兒扣在地下。不一會已然鼾聲震耳。顏生使眼色叫雨墨將燈移出，自己也就悄悄睡了。雨墨移出燈來，坐在明間心中發煩，哪裡睡得著。好容易睡著，忽聽有腳步之聲。睜眼看時，天已大亮。見相公悄悄從裡間出來，低言道：「取臉水去。」雨墨取來，顏生淨了面。

忽聽屋內有咳嗽之聲，雨墨連忙進來。見金生伸懶腰，打

44

哈聲，兩隻腳卻露著黑漆漆的底板兒，敢情是沒襪底兒。忽聽他口中念道：「大夢誰先覺？平生我自知。草堂春睡足，窗外日遲遲。」念完，一咕嚕爬起來道：「略略歇息，天就亮了。」

雨墨道：「店家給金相公打臉水。」金生道：「我是不洗臉的，怕傷水。叫店小二開開我們的帳，拿來我看。」雨墨暗道：「有意思，他竟要會帳。」只見店小二開了單來，上面共銀十三兩四錢八分。金生道：「不多不多，外賞你們小二、灶上連打雜的二兩。」店小二謝了。金生道：「顏兄，我也不鬧虛了，咱們京中再見，我要先走了。」「他拉他拉」竟自出店去了。

這裡顏生便喚：「雨墨！雨墨！」叫了半天，雨墨才答應，顏生道：「會了銀兩走路。」雨墨又遲了多會答應，拿了銀子到了櫃上，爭爭奪奪連外賞給了十四兩銀子，方同相公出了店。來到村外，到無人之處便說：「相公看金相公是個什麼人？」顏生道：「是個唸書的好人咧。」雨墨道：「如何？相公還是沒有出過門，不知路上有許多奸險呢。有誆嘴吃的，有拐東西的，甚至有設下圈套害人的，奇奇怪怪的樣子多著呢。相公如今拿著姓金的當好人，將來必要上他的當。據小人看來，他也不過是個蔑片之流。」顏生正色嗔怪道：「休得胡說！小小的人造這樣的口過。我看金相公中含著一股英雄的氣概，將來必

非等閒之人。你不要管，縱然他就是誑嘴，也無非多花幾兩銀子，有甚要緊！你休再來管我。」雨墨聽了相公之言，暗暗笑道：「怪道人人常言書獃子，果然不錯。我原來為他好，倒嗔怪起來。只好暫且由他老人家，再做道理罷了。」

　　走不多時，已到打尖之所。雨墨賭氣子，要了個熱鬧鍋炸。吃了早飯又走。到了天晚，來到興隆鎮，又住宿了。仍是三間上房，言給一間的錢。這個店小二比昨日的卻和氣多了。剛然坐了未暖席，忽見店小二進來，笑容滿面問道：「相公是姓顏麼？」

　　雨墨道：「不錯。你怎麼知道？」小二道：「外面有一位金相公找來了。」顏生聞聽說：「快請快請。」雨墨暗暗道：「這個得了！他是吃著甜頭兒了。但只一件，我們花錢，他出主意，未免太冤。今晚我何不如此如此呢。」想罷，迎出門來道：「金相公來了很好。我們相公在這裡恭候著呢。」金生道：「巧極巧極！又遇見了。」顏生連忙執手相讓，彼此就座。今日更比昨日親熱了。

　　說了數語之後，雨墨在旁道：「我們相公尚未吃飯。金相公必是未曾，何不同桌而食？叫了小二來，先商議叫他備辦去呢。」金生道：「是極是極。」正說時，小二拿了茶來，放在

桌上。雨墨便問道：「你們是什麼飯食？」小二道：「等次不同。上等是八兩，中等飯是六兩，下等……」剛說了一個「下」字。雨墨就說：「誰吃下等飯就是上等罷。我也不問什麼餚饌，無非雞鴨魚肉翅子海參等類。你們這魚是『包魚』呀是『漂兒』呢？必然是『漂兒』。『漂兒』就是『包魚』。我問你有活鯉魚沒有呢？」小二道：「有，不過貴些。」雨墨道：「既要吃，還怕花錢嗎？我告訴你，鯉魚不過一斤叫『拐子』，總得一斤多那才是鯉魚呢。必須尾巴要像胭脂瓣兒相似那才新鮮呢。你拿來我瞧就是了。還有酒，我們可不要常行酒，要十年的女貞陳紹，管保是四兩銀子一罈。」店小二說：「是。要用多少？」雨墨道：「你好貧哪，什麼多少，你搭一罈來當面嘗。先說明，我可要金紅顏色濃濃香的，倒了碗內要掛碗，猶如琥珀一般。錯過了我可不要。」小二答應。

不多時，點上燈來。小二端了魚來。雨墨上前便道：「魚可卻是鯉魚。你務必用半盆水躺著，一來顯大，二來水淺，他必撲騰，算是歡蹦亂跳，賣這個手法兒。你就在此處開膛，省得抵換。把他鮮繁。看你們作料不過香菌、口蘑、紫菜，可有『尖上尖』沒有？你管保不明白。這『尖上尖』就是青筍尖兒上頭的尖兒。可要切成嫩條兒。要吃那麼咯吱咯吱的。」

小二答應。又搭了酒來錐開。雨墨舀了一杯，遞給金生說

道：「相公嘗，管保喝得過。」金生嘗了道：「滿好個，滿好個。」

雨墨也就不叫顏生嘗了，便灌入壺中略燙燙，拿來斟上。只見小二安放小菜，雨墨道：「你把佛手疙疸放在這邊，這位相公愛吃。」金生瞅了雨墨一眼道：「你也該歇歇了。他這裡上菜，你少時再來。」雨墨退出，單等魚來。小二往來端菜。不一時，拿了魚來，雨墨跟著進來道：「帶薑醋碟兒。」小二道：「來了。」雨墨便將酒壺提起，站在金生旁邊，滿滿斟了一杯道：「金相公拿起筷子來。魚是要吃熱的，冷了就要發腥了。」

金生又瞅了他一眼。雨墨道：「先給我們相公一塊？」金生道：「那是自然的。」果然挾過一塊。剛要用筷子再夾，雨墨道：「金相公還沒有用筷子一劃呢。」金生道：「我倒忘了。」從新打魚脊背上一劃，方夾到醋碟一蘸吃了。端起杯，來一飲而盡。雨墨道：「酒是我斟的，相公只管吃魚。」金生道：「妙極妙極。我倒省了事了。」仍是一杯一塊。雨墨道：「妙哉！妙哉！」金生道：「妙哉得很！妙哉得很！」雨墨道：「又該把筷子往腮裡一插了。」金生道：「那是自然的了。將魚翻過來，我還是給你們相公一塊，再用筷子一劃，省得你又提拔我。」雨墨見魚剩了不多，便叫小二拿一個中碗來。小二

48

將碗拿到。雨墨說：「金相公還是將蒸食雙落兒掰上四個泡上湯。」金生道：「是的是的。」泡了湯呼嚕之時，雨墨便將碟子扣在那盤子上，那邊支起來道：「金相公從這邊舀三匙湯喝了也就飽了，也不用陪我們相公了。」又對小二道：「我們二位相公吃完了，你瞧該熱的該蒸的撿下去，我可不吃涼的。酒是有在那裡，我自己喝就是了。」小二答應，便往下撿。忽聽金生道：「顏兄這個小管家，叫他跟我倒好，我倒省話。」顏生也笑了。

今日雨墨可想開了，倒在外頭盤膝穩坐，叫小二服侍吃了那個又吃這個。吃完了來到屋內，就在明間坐下，竟等呼聲。少時聽呼聲震耳，進裡間將燈移出，也不愁煩，竟自睡了。

至次日天亮，仍是顏生先醒來到明間，雨墨伺候淨面水。

忽聽金生咳嗽，連忙來到裡間。只見金生伸懶腰，打哈聲，雨墨急念道：「大夢誰先覺？平生我自知。草堂春睡足，窗外日遲遲。」金生睜眼道：「你真聰明，都記得。好的好的。」雨墨道：「不用給相公打臉水了，怕傷了水。叫店小二開了單來算帳。」一時開上單來，共用銀十四兩六錢五分。雨墨道：「金相公十四兩六錢五分不多吧。外賞他們小二、灶上、打雜的二兩吧。」金生道：「使得的使得的。」雨墨道：「金相公

管保不鬧虛了。京中再見吧，有事只管先請吧。」金生道：
「說的是，說的是。我就先走了。」便對顏生執手告別「他拉」
「他拉」出店去了。雨墨暗道：「一斤肉包的餃子，好大皮子！
我打算今個擾他呢，誰知反被他擾去。」正在發笑，忽聽相公
呼喚。未知如何，且聽下回分解。

## 第三十四回　定蘭譜顏生識英雄　看魚書柳老嫌 寒士

　　且說顏生見金生去了，便叫雨墨會帳。雨墨道：「銀子不夠了，短的不足四兩呢。我算給相公聽，咱們出門時共剩了二十八兩有零，兩天兩頓早尖，連零用，共費了一兩二三錢，昨晚吃了十四兩，再加今日的十六兩六錢，共合銀三十一兩九錢零。豈不是短了不足四兩麼。」顏生道：「且將衣服典當幾兩銀子，還了帳目，餘下的作盤費就是了。」雨墨道：「剛出門兩天就典當。我看除了這幾件衣服，今日當了，明日還有什麼？」顏生也不理他。

　　雨墨去了多時，回來道：「衣服共當了八兩銀子，除還飯帳，下剩四兩有零。」顏生道：「咱們走路罷。」雨墨道：「不走還等什麼呢？」出了店門，雨墨自言道：「輕鬆靈便，省得有包袱背著怪沉的。」顏生道：「你不要多說了。事已如此，不過多費去些銀兩，有什麼要緊。今晚前途，任憑你的主意就是了。」雨墨道：「這金相公也真真的奇怪。若說他是誆嘴吃的，怎麼要了那些菜來，他連筷子也不動呢？就是愛喝好酒，也不犯上要一罈來，卻又酒量不很大，一罈子喝不了一零

兒就全剩下了，白便宜了店家。就是愛吃活魚，何不竟要活魚呢？說他有意要冤咱們，卻又素不相識無仇無恨。饒白吃白喝還要冤人更無此理。小人猜不出他是什麼意思來。」顏生道：「據我看來，他是個瀟灑儒流，總有些放浪形骸之外。」

主僕二人途中閒談，仍是打了早尖，多歇息歇息，便一直趕到宿頭。雨墨便出主意道：「相公咱們今晚住小店，吃頓飯，每人不過花上二錢銀子，再也沒的耗費了。」顏生道：「依你依你。」主僕二人竟投小店。

剛然就座，只見小二進來道：「外面有位金相公找顏相公呢。」雨墨道：「很好，請進來。咱們多費上二錢銀子，這個小店也沒有什麼出主意的了。」說話間，只見金生進來道：「我與顏兄真是三生有幸，竟會到哪裡，那裡就遇得著。」顏生道：「實實小弟與兄台緣分不淺。」金生道：「這麼樣罷，咱們兩個結盟拜把子罷。」雨墨暗道：「不好他要出礦。」連忙上前道：「金相公要與我們相公結拜，這個小店備辦不出祭禮來，只好改日再拜罷。」金生道：「無妨。隔壁太和店是個大店口，什麼俱有，慢說是祭禮，就是酒飯回來也是那邊要去。」雨墨暗暗頓足道：「活該活該。算是吃定我們爺兒們了。」金生也不喚雨墨，就叫本店的小二將隔壁太和店的小二叫來，便吩咐如何，先備豬頭三牲祭禮，立等要用；又如何預

備上等飯，要鮮燉活魚；又如何搭一罈女貞陳紹，仍是按前兩次一樣。雨墨在旁惟有聽著而已。又看見顏生與金生說說笑笑，真如異姓兄弟一般，毫不介意。雨墨暗道：「我們相公真是書獃子。看明早這個饑荒怎麼打算。」不多時，三牲祭禮齊備，序齒燒香。

誰知顏生比金生大兩歲，理應先焚香。雨墨暗道：「這個定了把弟，吃準了把兄咧！」無奈何，在旁服侍。結拜完了，焚化錢糧後，便是顏生在上首坐了，金生在下面相陪。你稱仁兄，我稱賢弟，更覺親熱。雨墨在旁聽著，好不耐煩。

少時酒至菜來，無非還是前兩次的光景。雨墨也不多言，只等二人吃完，他便在外盤膝坐下道：「吃也是如此，不吃也是如此，且自樂一會兒是一會兒。」便叫：「小二你把那酒抬過來。我有個主意。你把太和店的小二也叫了來，有的是酒有的是菜，咱們大夥同吃，算是我一點敬意。你說好不好？」

小二聞聽，樂不可言，連忙把那邊的小二叫了來。二人一邊服侍著雨墨，一邊跟著吃喝。雨墨倒覺得暢快。吃喝完了，仍然進來，等著移出燈來，也就睡了。

到了次日，顏生出來淨面。雨墨悄悄道：「相公昨晚不該

與金相公結義。不知道他家鄉住處！知道他是什麼人？倘若要是個蔑片，相公的名頭不壞了麼！」顏生忙喝道：「你這奴才，休得胡說！我看金相公行止奇異，談吐豪俠，絕不是那流人物。既已結拜，便是患難相扶的弟兄了。你何敢在此多言！別的罷了，這是你說的嗎？」雨墨道：「非是小人多言。別的罷了，回來店裡的酒飯銀兩又當怎麼樣呢？」剛說至此，只見金生掀簾出來。雨墨忙迎上來道：「金相公，怎麼今日伸了懶腰，還沒有念詩就起來呢？」金生笑道：「我要念了，你念什麼？原是留著你念的，不想你也誤了，竟把詩句兩耽擱了。」說罷便叫：「小二開了單來我看。」雨墨暗道：「不好他要起翅。」只見小二開了單來，上面寫著連祭禮共用銀十八兩三錢。雨墨遞給金生。金生看了道：「不多不多，也賞他二兩。這邊店裡沒用什麼，賞他一兩罷。」說完便對顏生道：「仁兄啊……」旁邊雨墨吃這一驚不小，暗道：「不好，他要說『不鬧虛了』。這二十多兩銀子又往哪裡算去？」誰知金生今日卻不說此句，他卻問顏生道：「仁兄啊，你這上京投親，就是這個樣子難，道令親那裡就不憎嫌麼？」顏生嘆氣道：「此事原是奉母命前來，愚兄卻不願意。況我姑父姑母又是多年不通音信的，恐到那裡，未免要費些唇舌呢。」金生道：「須要打算打算方好。」雨墨暗道：「真關心啊，結了盟就是另一個樣兒了。」

　　正想著，只見外面走進一個人來。雨墨才待要問找誰的，

話未說出，那人便與金生磕頭道：「家老爺打發小人前來，恐爺路上缺少盤費，特送四百兩銀子，叫老爺將就用罷。」此時顏生所得明白。見來人身量高大，頭戴鷹翅大帽，身穿皂布短袍，腰束皮鞋帶，足下登一雙大曳幫拖鞋，手裡還提著個馬鞭子。

只聽金生道：「我行路焉用許多銀兩？既承你家老爺好意，也罷，留下二百兩銀子，下剩仍然拿回去，替我道謝。」那人聽了，放下馬鞭子，從褲褳叉子裡一封一封，掏出四封，擺在桌上。

金生便打開一包，拿了一些銀子，遞與那人道：「難為你大遠的來，賞你喝茶罷。」那個又趴在地下磕了個頭，提了褲褳，馬鞭子，才要走時，忽聽金生道：「你且慢著，你騎了牲口來了麼？」

那人道：「是。」金生道：「很好。索性一客不煩二主，我還要煩你辛苦一趟。」那人道：「不知爺有何差遣！」金生便對顏生道：「仁兄興隆鎮的當票子放在哪裡？」顏生暗想道：「我當衣服他怎麼知道了？」便問雨墨。

雨墨此時看得都呆了，心中納悶道：「這麼個金相公怎麼

55

會有人給他送銀子來呢？果然我們相公眼力不差。從今我倒長了多番見識。」正在呆想，忽聽顏生問他當票子，他便從腰間掏出一個包兒來，連票子和那剩下的四兩多銀子俱擱在一處，遞將過來。金生將票子接在手中，又拿了幾個碎銀子，對那人道：「你拿此票到興隆鎮把他贖回來。除了本利，下剩的你作盤費就是了。你將這個褡褳子放在這裡，回來再來。我還告訴你，你回來時不必到這裡了，就在隔壁太和店，我在那裡等你。」

那人連連答應，竟拿了馬鞭子出店去了。

金生又從新拿了兩錠銀子，叫雨墨道：「你這兩天多有辛苦，這銀子賞你罷。吾可不是篾片了。」雨墨哪裡還敢言語呢，只得也磕頭謝了。金生對顏生道：「仁兄呀，咱們上那邊店裡去罷。」顏生道：「但憑賢弟。」金生便叫雨墨抱著桌子上的銀子。雨墨又騰出手來還要提那褡褳。金生在旁道：「你還拿那個，你不傻了麼，你拿得動麼？叫這店小二拿著，跟咱們送過那邊去呀。你都聰明，怎麼此時又不聰明了？」說得雨墨也笑了。便叫了小二拿了褡褳，主僕一同出了小店，來到太和店真正寬闊。雨墨也不用說，竟奔上房而來，先將抱著的銀子放在桌上，又接了小二拿的褡褳。顏生與金生在迎門兩邊椅子上坐下了。這邊小二慇勤泡了茶來。金生便出主意與顏生買馬，

治簇新的衣服靴帽，全是使他的銀子。顏生也不謙讓。到了晚間，那人回來，將當交明提了褡褳去了。這一天吃飯飲酒，也不像先前那樣，止於揀可吃的要來吃，剩的不過將夠雨墨吃的。

到了次日，這二百兩銀子除了賞項、買馬、贖當、置衣服等並會了飯帳，共費去銀八九十兩，下仍有一百多兩，金生便都贈了顏生。顏生那裡肯受。金生道：「仁兄只管拿去，我路上自有相知，應付我的盤費，我是不用銀子的。還是我先走，咱們京都再會罷。」說罷執手告別「他拉他拉」出店去了。顏生倒覺得依戀不捨，眼巴巴的真真的目送出店。

此時雨墨精神百倍，裝束行囊，將銀兩收藏嚴密，止於將剩的四兩有餘帶在腰間。叫小二把行李搭在馬上，扣備停當，請相公騎馬。登時闊起來了。雨墨又把雨衣包了個小包袱背在肩頭，以防天氣不測。顏生也給他雇了一頭驢，沿路盤腳。

一日來至祥符縣，竟奔雙星橋而來。到了雙星橋，略問問柳家，人人皆知指引門戶。主僕來到門前一看，果然氣象不凡，是個殷實人家。原來顏生的姑父名叫柳洪，務農為業，為人固執，有個吝嗇毛病，處處好打算盤，是個顧財不顧親的人。

他與顏老爺雖是郎舅，卻有些水火不同爐。只因顏老爺是

個堂堂的縣尹。以為將來必有發跡,故將自己的女兒柳金蟬自幼兒就許配了顏查散。不意後來顏老爺病故,送了信來,他就有些後悔,還關礙著顏氏安人不好意思。誰知三年前顏氏安人又一病嗚呼了。他就絕意的要斷了這門親事,因此連信息也不通了。他卻又續娶馮氏,又是個面善心毒之人。幸喜他很疼愛小姐。他疼愛小姐又有他的一番意思。只因員外柳洪每每提起顏生,便咳聲嘆氣說當初不該定這門親事。已露出有退婚之意。馮氏便暗懷著鬼胎。因他有個侄兒名喚馮君衡,與金蟬小姐年紀相仿。他打算著把自己的侄兒做為養老的女婿,就是將來柳洪亡後,這一份傢俬也逃不出馮家之手。因此他卻疼愛小姐,又叫侄兒馮君衡時常在員外跟前獻些慇懃。員外雖則喜歡,無奈馮君衡的相貌不揚,又是一個白丁,因此柳洪總未露出口吻來。

　　一日柳洪正在書房,偶然想起女兒金蟬年已及笄,顏生那裡杳無音信,聞得他家道艱窘,難以度日,惟恐女兒過去受罪,怎麼想個法子退了此親方好。正在煩思,忽見家人進來稟道:「武進縣的顏姑爺來了。」柳洪聽了,吃了一驚不小,登時就沒了主意,半天說道:「你就回復他說我不在家。」那家人剛然回身,他又叫住問道:「是什麼形相來的?」家人道:「穿著鮮明的衣服,騎著高頭大馬,帶著書僮,甚是齊整。」

柳洪暗道：「顏生必是發了財了，特來就親。幸虧細心一問，險些兒誤了大事。」忙叫家人快請，自己也就迎了出來。

只見顏生穿著簇新大衫，又搭著俊俏的容貌，後面又跟著個伶俐小童，拉著一匹潤白大馬，不由得心中羨慕，連忙上前相見。顏生即以子侄之禮參拜。柳洪哪裡肯受，謙讓至再三，才受半禮。彼此就座敘了寒暄。家人獻茶已畢。顏生便漸漸地說到家業零落，特奉母命投親，在此攻書，預備明年考試，並有家母親筆書信一封。說話之間，雨墨已將書信拿出來交與顏生。顏生呈與柳洪，又奉了一揖。此時柳洪卻把那黑臉面放下來，不是先前那等歡喜。無奈何將書信拆閱已畢，更覺煩了。

便吩咐家人將顏相公送至花園幽齋居住。顏生還要拜見姑母。

老狗才道：「拙妻這幾日有些不爽快，改日再見。」顏生看此光景，只得跟隨家人上花園去了。幸虧金生替顏生治辦衣服馬匹，不然老狗才絕不肯納。可見金生奇異。不知柳洪是何主意，且聽下回分解。

# 第三十五回　柳老賴婚狼心難測　馮生聯句狗屁不通

話說柳洪便袖了書信，來到後面，憂容滿面。馮氏問道：「員外為著何事如此煩悶？」柳洪便將顏生投親的原由說了一遍。馮氏初時聽了也是一怔，後來便假意歡喜，給員外道喜說道：「此乃一件好事，員外該當做的。」

柳洪聞聽，不由的怒道：「什麼好事！你往日明白，今日糊塗了。你且看書信。他上面寫著叫他在此讀書，等到明年考試。這個用度須耗費多少？再者若中了還有許多的應酬；若不中就叫我這裡完婚。過一月後叫我這裡將他小兩口兒送往武進縣去。你自打算打算這注財要耗費多少銀子？歸齊我落個人財兩空。你如何還說做得呢？這不豈有此理麼！」馮氏趁機便探柳洪的口氣道：「若依員外，此事便怎麼樣呢？」

柳洪道：「也沒有什麼主意。不過是想把婚姻退了，另找個財主女婿，省得女兒過去受罪，也免得我將來受累。」馮氏見柳洪吐出退婚的話來，他便隨機應變，冒出壞包來了。對柳洪道：「員外既有此心，暫且將顏生在幽齋冷落幾天。我保不

出十日，管叫他自己退婚，叫他自去之計。」柳洪聽了喜道：
「安人果能如此，方去我心頭大病。」

　　兩個人在屋中計議，不防跟小姐的乳母田氏從窗外經過，
這些話一一俱各聽了去了。他急急的奔到後樓，來到香閨，見
了小姐，一五一十俱各說了，便道：「小姐不可為俗禮所拘，
仍作閨門之態。一來解救顏姑爺，二來並救顏老母。此事關係
非淺，不可因小節而壞大事。小姐早早拿個主意。」小姐道：
「總是我那親娘去世，叫我向誰申訴呢？」田氏道：「我倒有
個主意。他們商議原不出十天，咱們就在這三五日內，小姐與
顏相公不論夫妻，仍論兄妹，寫一字柬叫繡紅約他在內書房夜
間相會。將原委告訴明白了顏相公，小姐將私蓄贈些與他，叫
他另尋安身之處。候科考後功名成就，那時再來就親，大約員
外無有不允之理。」小姐聞聽，尚然不肯。還是田氏與繡紅百
般開導解勸，小姐無奈才應允了。

　　大凡為人各有私念。似乳母、丫鬟這一番私念，原是為顧
及顏生，疼愛小姐，是一片好心。這個私念理應如此。竟有一
等人，無故一心私念，鬧的他自己亡魂失魄，彷彿熱地螞蟻一
般，行蹤無定，居止不安。就是馮君衡這小子，自從聽見他姑
媽有意將金蟬小姐許配於他，他便每日跑破了門，不時的往來。
若遇見員外，他便卑躬下氣假作。那一宗脅肩謅笑便叫人忍耐

不得。員外看了總不大合心。若是員外不在跟前，他便和他姑媽訕皮訕臉，百般的央告，甚至於屈膝，只要求馮氏早晚在員外跟前玉成其事。偏偏的有一日，湊巧恰值金蟬小姐給馮氏問安。娘兒兩個正在閒談，這小子他就一步兒跑進來了。小姐躲閃不及，馮氏便道：「你們是表兄妹，皆是骨肉，是見得的，彼此見了。」小姐無奈，把袖子福了一福。他便作下一揖去，半天直不起腰來。那一雙賊眼，直勾勾地瞧著小姐。旁邊繡紅看不上眼，擁簇著小姐回繡閣去了。他就呆了半晌。

他這一瞧，真不是人瞧，人沒有那麼瞧的。往往書上多有眉眼傳情，又云眉來眼去，仔細想來，這個眉毛竟無用處。眼睛為的是瞧，眉毛跟在裡頭可攢什麼呢？不是這麼說嗎？要是沒有他真嗑磣，就猶如笑話上說的，嘴和鼻說話：「呔！老鼻呀，你有什麼本事，竟敢居在我的上頭呢？」鼻子答道：「你若不虧我聞見，你如何分的出香臭來呢？」鼻子又和眼睛說話：「呔！老眼呀，你有什麼本事，竟敢居在我的上頭呢？」眼睛答道：「你若不虧我瞧見，你如何知道好歹呢？」眼睛又和眉毛說話：「呔！老眉呀，你有什麼本事，竟敢居在我的上頭呢？」眉毛答道：「我原沒有什麼本事，不過是你的配搭兒。你若不願意在你上頭，我就挪在你的底下去，看你得樣兒不得樣兒。」馮君衡他這一瞧，直是把眉毛錯安了位了。自那一天見了小姐之後，他便謀求的狠了，恨不得立刻到手。天天來至

柳家探望。

這一天剛進門來，見院內拴著一匹白馬，便問家人道：「此馬從何而來？」家人回道：「是武進縣顏姑爺騎來的。」

他一聞此言，就猶如平空的打了個焦雷，只驚得目瞪癡呆，魂飛天外，半晌方透過一口氣來。暗想：「此事卻怎麼處？」只得來到書房，見了柳洪。見員外愁眉不展，他知道：「必是為此事發愁。想來顏生必然窮苦至甚，我何不見他，看看他倒是怎麼的光景。如若真不像樣，就當面奚落他一場，也出了我胸中惡氣。」想罷便對柳洪言明要見顏生。柳洪無奈，只得將他帶入幽齋。他原打算奚落一場，誰知見了顏生，不但衣冠鮮明，而且相貌俊美，談吐風雅，反覺得侷促不安，自慚形穢，竟自無地可容，連一句整話也說不出來。柳洪在旁觀瞧，也覺得妍媸自分，暗道：「據顏生相貌才情，堪配吾女。可惜他家道貧寒，是一宗大病。」又看馮君衡聳肩縮背，擠眉弄眼，竟不知如何是可。柳洪倒覺不好意思，搭訕著道：「你二人在此攀話，我料理我的事去了。」說罷就走開了。馮君衡見柳洪去後，他便抓頭不是尾，險些兒沒急出毛病來。略坐一坐便回書房去了。

一進門來，自己便對穿衣鏡一照，自己叫道：「馮君衡嚇，

馮君衡！你瞧瞧人家是怎麼長來著，你是怎麼長來著。我也不怨別的，怨只怨我那爺娘，既要好兒子，為何不下上點好好的工夫呢？教導教導，調理調理，真是好好兒的，也不至於見了人說不出話來。」自己怨恨一番，忽又想道：「顏生也是一個人，我也是一個人，我又何必怕他呢？這不是我自損志氣麼？明日倒要乍著膽子與他盤桓盤桓，看是如何。」想罷就在書房睡了。

到了次日，吃畢早飯，依然猶疑了半天，後來發了一個狠兒，便上幽齋而來。見了顏生，彼此坐了。馮君衡便問道：「請問你老高壽？」顏生道：「念有二歲。」馮君衡聽了不明白，便「念」呀「念」的盡著念。顏生便在桌上寫出來。馮君衡見了道：「哦，敢則是單寫的二十呀。若是這麼說，我敢則是念了。」顏生道：「馮兄尊齒二十了麼？」馮君衡道：「我的牙卻是二十八個連槽牙。我的歲數卻是二十。」顏生笑道：「尊齒便是歲數。」馮君衡便知是自己答應錯了，便道：「顏大哥我是個粗人。你和我總別。」顏生又問道：「馮兄在家做何功課？」馮君衡卻明白「功課」二字便道：「我家也有個先生，可不是瞎子也是睜眼兒先生。他教給我作什麼詩，五個字一句，說四句是一首。還有什麼韻不韻的，我哪裡弄的上來呢？後來作慣了，覺得順溜了，就只能作半截兒，任憑怎麼使勁兒再也作不下去了。有一遭兒，先生出了個鵝群叫我作，我如何

作得下去呢？好容易作了半截兒。」顏生道：「可還記得麼？」馮君衡道：「記得的狠呢。我好容易作的，焉有不記得呢。我記得是『遠看一群鵝，見人就下河』。」顏生道：「底下呢？」馮君衡道：「說過就作半截兒，如何能夠滿作了呢？」顏生道：「待我與你續上半截如何？」馮君衡道：「那敢則好。」顏生道：「白毛分綠水，紅掌蕩清波。」馮君衡道：「似乎是好念著，怪有個聽頭兒的。還有一遭，因我們書房院子裡有棵枇杷，先生以此為題。我作得是『一棵枇杷樹，兩個大槎丫。』」顏生道：「我也與你續上吧，未結黃金果，先開白玉花。」

馮君衡見顏生又續上了，他卻不講詩，便道：「我最愛對對子。怎麼原故呢？作詩須得論平仄押韻，對對子就憑空的想出來。若有上句，按著那邊字兒一對就得了。顏大哥你出個對子我對。」顏生暗道：「今日重陽而且風鳴樹吼。」便寫了一聯道：「九日重陽風落葉。」馮君衡看了半天，猛然想起對道：「八月中秋月照台。」顏大哥，你看我對的如何？你再出個我對。」顏生見他無甚行止，便寫一聯道：「立品修身誰能效子游、子夏？」馮君衡按著字兒，扣了一會便對道：「交朋結友我敢比劉六、劉七。」顏生便又寫了一聯，卻是明褒暗貶之意。馮君衡接來一看，寫得是：「三墳五典你乃百寶箱。」便又想了對道：「一轉兩晃我是萬花筒。」他又磨著顏生出對。顏生實在不耐煩了，便道：「願安承教你無門。」

　　這明是說他請教不得其門。馮君衡他卻呆想，忽然笑道：「可對上了。」便道：「不敢從命我有窗。」

　　他見顏生手中搖著扇子，上面有字便道：「顏大哥我瞧瞧扇子。」顏生遞過來，他就連聲誇道：「好字好字，真寫了個龍爭虎鬥。」又翻著那面卻是素紙連聲「可惜」道：「這一面如何不畫上幾個人兒呢？顏大哥你瞧我的扇子，卻是畫了一面，那一面卻沒有字。求顏大哥的大筆，寫上幾個字兒吧。」顏生道：「我那扇子是相好朋友寫了送我的，現有雙款為證，不敢虛言。我那拙筆焉能奉命？惟恐有污尊搖。」馮君衡道：「說了不麼甚麼『尊搖』不『尊搖』的呢？我那扇子也是朋友送我的，如今再求顏大哥一寫，更成全起來了。顏大哥你看看那畫的神情兒頗好。」顏生一看，見有一隻船上面有一婦人搖槳，旁邊跪著一個小伙拉著槳繩。馮君衡又道：「顏大哥你看那邊岸上，那一人拿著千里眼鏡兒，哈著腰兒，瞧的神情兒真是活的一般。」顏生便問道：「這是什麼名色？」

　　馮君衡道：「怎麼顏大哥連『次姑囓咚嗆』也不知道嗎？」

　　顏生道：「這話我不明白。」馮君衡道：「本名兒就叫蕩湖船。千萬求顏大哥把那面與我寫了。我先拿了顏大哥扇子去，

候寫得時再換。」顏生無奈，將他的扇子插入筆筒之內。

　　馮君衡告辭，轉身回了書房，暗暗想道：「顏生他將我兩次詩，不用思想，開口就續上了。他學問比我強多咧。而且相貌又好。他若在此，只怕我那表妹被他奪了去。這便如何是好呢？」他也不想想，人家原是許過的，他卻是要圖謀人家的，可見這惡賊利慾熏心，什麼天理全不顧了。他便思前想後，總要把顏生害了，才合心意。翻來覆去，一夜不曾合眼，再也想不出計策來。到了次日，吃畢早飯，又往花園而來。不知如何，且聽下回分解。

# 第三十六回　園內贈金丫鬟喪命　廳前盜屍惡僕忘恩

且說馮君衡來至花園，忽見迎頭來了個女子，仔細看時卻是繡紅，心中陡然疑惑起來，便問道：「你到花園來做什麼？」

繡紅道：「小姐派我來掐花兒。」馮君衡道：「掐的花在哪裡？」

繡紅道：「我到那邊看了花兒尚未開呢，因此空手回來。你查問我做什麼？這是柳家花園，又不是你們馮家的花園，用你多管閒事！好沒來由呀。」說罷揚長去了。氣得個馮君衡直瞪瞪的一雙賊眼，再也對答不出來。心中更加疑惑，急忙奔至幽齋。偏偏雨墨又進內烹茶去了。見顏生拿著個字帖兒，正要開看，猛抬頭見了馮君衡，連忙讓座，順手將字帖兒掖在書內，彼此閒談。馮君衡道：「顏大哥，可有什麼淺近的詩書，借給我看看呢？」顏生以為他借書，便立起身來向書架上找書去了。

馮君衡便留神，見方才掖在書內字帖兒露著個紙角兒，他便輕輕抽出，暗藏在袖裡。及至顏生找了書來，急忙接過，執

手告別，回轉書房而來。

　　進了書房，將書放下，便從袖中掏出字兒，一看只嚇得驚疑不止，暗道：「這還了得！險些兒壞了大事。」原來此字正是前次乳母與小姐商議的，定於今晚二鼓在內角門相會，私贈銀兩，偏偏的被馮賊偷了來了。他便暗暗想道：「今晚他們若相會了，小姐一定身許顏生，我的姻緣豈不付之流水！這便如何是好？」忽又轉念一想道：「無妨無妨。如今字兒既落我手，大約顏生恐我識破，他絕不敢前去。我何不於二鼓時假冒顏生，倘能到手，豈不仍是我的姻緣。即便露出馬腳，他若不依，就拿著此字作個見證。就是姑爺知道，也是他開門揖盜，卻也不能奈何於我。」心中越想此計越妙，不由的滿心歡喜，恨不得立刻就交二鼓。

　　且說金蟬小姐雖則叫繡紅寄來與顏生，他便暗暗打點了私蓄銀兩並首飾衣服。到了臨期，卻派了繡紅持了包袱銀兩去贈顏生。田氏在旁勸道：「何不小姐親身一往！」小姐道：「此事已是越禮之舉，再要親身前去，更失了閨閣體統。我是斷斷不肯去的。」繡紅無奈，提了包袱銀兩，剛來到角門以外，見個人佝僂而來，細看形色，不是顏生，便問道：「你是誰！」只聽那人道：「我是顏生。」細聽語音卻不對。忽見那人向前就要動手。繡紅見不是勢頭，才嚷道：「有賊」二字，馮君衡

著忙急伸手，本欲蒙嘴，不意蠢夫使的力猛，丫鬟人小姣弱，往後仰面便倒。惡賊收手不及，撲跌在丫鬟身上，以至手按在繡紅喉間一擠，及至強徒起來，丫鬟已氣絕身亡，將包袱銀兩拋於地上。馮賊見丫鬟已死，急忙提了包袱，撿起銀兩包兒來，竟回書房去了。將顏生的扇子並字帖留於一旁。小姐與乳母在樓上提心吊膽，等繡紅不見回來，好生著急。

乳母便要到角門一看。誰知此時走更之人見丫鬟倒斃在角門之外，早已稟知員外、安人了。乳母聽了此信，魂飛天外，回轉繡閣給小姐送信。只見燈籠火把，僕夫、丫鬟同定員外、安人竟奔內角門而來。柳洪將燈一照，果是小繡紅。見旁邊撂著一把扇子，又見那邊地上有個字帖兒，連忙俱各撿起。打開扇子卻是顏生的，心中已然不悅；又將字帖兒一看，登時氣沖牛斗。也不言語，竟奔小姐的繡閣。馮氏不知是何緣故，便隨在後面。

柳洪見了小姐說：「幹的好事！」將字帖兒就當面擲去。

小姐此時已知繡紅已死，又見爹爹如此，真是萬箭攢心，一時難以分辯，只有痛苦而已。虧得馮氏趕到，見此光景，忙將字帖兒起看了一遍，說道：「原來為著此事。員外你好糊塗，焉知不是繡紅那丫頭干的鬼呢？他素來筆跡原與女兒一樣，女

兒現在未出繡閣，他卻死在角門以外。你如何不分皂白就埋怨女兒來呢？只是這顏姑爺既已得了財物，為何又將丫鬟掐死呢？竟自不知是什麼意思？」一句話提醒了柳洪，便把一天愁恨俱擱在顏生身上。他就連忙寫一張呈子，說顏生無故殺害丫鬟並，不提私贈銀兩之事，惟恐與自己名聲不好聽。便把顏生送往祥符縣內。可憐顏生睡在夢裡，連個影兒也不知。幸喜雨墨機靈，暗暗打聽明白，告訴了顏生。顏生聽了他，便立了個百折不回的主意。

且說馮氏安慰小姐，叫乳母好生看顧。他便回至後邊，將計就計，在柳洪跟前竭力攛掇，務將顏生置之死地，恰恰又暗合柳洪之心。柳洪等候縣尹來，相驗了繡紅實是扣喉而死，並無別的情形。柳洪便咬定牙說是顏生謀害的，總要顏生抵命。

縣尹回至衙門，立刻升堂將顏生帶上堂來。仔細一看，卻是個懦弱書生，不像那殺人的兇手，便有憐惜他的意思，問道：「顏查散，你為何謀害繡紅？從實招上來。」顏生束道：「只因繡紅素來不服呼喚，屢屢逆命。昨又因她口出不遜，一時氣憤難當，將她趕至後角門。不想剛然扣喉，她就倒斃而亡。這也是前世冤纏，做了今生的孽報。望祈老父母早早定案，犯人再也無怨的了。」說罷向上叩頭。縣宰見他滿口應承，毫無推諉而且情甘認罪，決無異詞，不由心下為難，暗暗思忖道：

「看此光景，絕非行兇作惡之人。難道他素有瘋癲不成？或者其中別有情節，礙難吐露，他情願就死亦未可知。此事本縣倒要細細訪查，再行定案。」想罷，吩咐將顏生帶下去寄監。

縣官退入後堂，自然另有一番思索。

你道顏生為何情甘認罪？只因他憐念小姐一番好心，不料自己粗心失去字帖兒，致令繡紅遭此慘禍，已然對不過小姐了；若再當堂和盤托出，豈不敗壞了小姐名節呢？莫若自己應承，省得小姐出頭露面，有傷閨門的風範。這便是顏生的一番衷曲，他卻哪裡知道暗中苦了一個雨墨呢。

且說雨墨從相公被人拿去之後，他便暗暗揣了銀兩，趕赴縣前悄悄打聽。聽說相公滿口應承，當堂全認了，只嚇得他膽裂魂飛，淚流滿面。後來見顏生入監？他便上前苦苦哀求禁子，並言有薄敬奉上。禁子與牢頭相商明白，容他在內服侍相公。雨墨便將銀子交付了牢頭，囑託一切，俱要看顧。牢頭見了白花花一包銀子，滿心歡喜，滿口應承。雨墨見了顏生，又痛哭又是抱怨說：「相公不該應承了此事。」見顏生微微含笑，毫不介意，雨墨竟自不知是何緣故。

誰知此時柳洪那裡俱各知道顏生當堂招認了，老賊樂得滿

心歡喜，彷彿去了一塊大病的一般。苦只苦了金蟬小姐，一聞此言，只道顏生決無生理。仔細想來，全是自己將他害了。「他既無命，我豈獨生？莫若以死相酬。」將乳母支出去烹茶，她便倚了繡閣，投環自盡身亡。及至乳母端了茶來，見門戶關閉，就知不好，便高聲呼喚，也不見應。再從門縫看時，見小姐高高的懸起，只嚇得骨軟筋酥，踉踉蹌蹌，報與員外、安人。

柳洪一聞此言，也就顧不得了，先帶領家人奔到樓上，打開繡戶，上前便把小姐抱住。家人忙上前解了羅帕。此時馮氏已然趕到。夫妻二人打量還可以解救，誰知香魂已渺，不由地痛哭起來。更加著馮氏數數落落，一邊裡哭小姐，一邊裡罵柳洪道：「都是你這老烏龜老殺才！不分青紅皂白，生生兒的要了你的女兒命了。那一個剛然送縣，這一個就上了吊了。這個名聲傳揚出去才好聽呢！」柳洪聽了此言「咯登」的把淚收住道：「幸虧你提拔我，似此事如何辦理？哭是小事，且先想個主意要緊。」馮氏道：「還有別的什麼主意嗎？只好說小姐得了個暴病，有些不妥。先著人悄悄抬個棺材來，算是預備後事，與小姐沖沖喜。卻暗暗地將小姐盛殮了，浮厝在花園敞廳上。候過了三朝五日，便說小姐因病身亡，也就遮了外面的耳目，也省得人家談論了。」柳洪聽了，再也想不出別的高主意，只好依計而行。便囑咐家人搭棺材去，倘有人問，就說小姐得病甚重，為的是沖沖喜。家人領命去，不多時便搭了來了，悄悄

抬至後樓。

　　此時馮氏與乳母已將小姐穿戴齊備。所有小姐素日惜愛的
簪環、首飾、衣服俱各盛殮了。且不下殯，便叫家人等暗暗抬
至花園敞廳停放。員外、安人又不敢放聲大哭，惟有嗚嗚悲泣
而已。停放已畢，惟恐有人看見，便將花園門倒鎖起來。所有
家人每人賞了四兩銀子，以壓口舌。

　　誰知家人之中有一人姓牛名喚驢子。他爹爹牛三原是柳家
的老僕。只因雙目失明，柳洪念他出力多年，便在花園後門外
蓋了三間草房，叫他與他兒子並媳婦馬氏一同居住，又可以看
守花園。這日牛驢子拿了四兩銀子回來，馬氏問道：「此銀從
何而來？」驢子便將小姐自盡，並員外、安人定計，暫且停放
花園敞廳並未下殯的情由說了一遍。」這四兩銀子便是員外賞
的，叫我們嚴密此事，不可聲張。」說罷，又言小姐的盛殮的
東西實在的是不少，什麼鳳頭釵，又是什麼珍珠花，翡翠環，
這個那個說了一套。馬氏聞聽，便覺垂涎道：「可惜了兒的這
些好東西。你就是沒有膽子，你若有膽量，到了夜間，只隔著
一段牆，偷偷兒的進去……」剛說至此，只聽那屋牛三道：
「媳婦你說的這是什麼話？咱家員外遭了此事已是不幸，人人
聽見該當嘆息，替他難受。怎麼你還要就熱窩兒去偷盜屍首的
東西？人要天理良心，看昭彰報應要緊。驢兒呀驢兒，此事是

斷斷做不得的。」

　　老頭說罷恨恨不已。誰知牛三剛說話時，驢子便對著他女人擺手兒，後來又聽見叫他不可做此事，驢子便賭氣子道：「我知道，不過是那麼說，那裡我就做了呢？」說著話，便打手式叫他女人預備飯，自己便打酒去。少時酒也有了，菜也得了。且不打發牛三吃，自己便先喝酒。女人一邊服侍，一邊跟著吃。卻不言語，盡打手式，到吃喝完了，兩口子便將傢伙歸著起來。驢子便在院內找了一把板斧，掖在腰間。等到將有二鼓，他直奔到花園後門，揀了個地勢高聳之處，扳住牆頭，縱將上去，他便往裡一跳，直奔敞廳而來。

　　未知如何，且聽下回分解。

# 第三十七回　小姐還魂牛兒遭報　幼童侍主俠士揮金

　　且說牛驢子於起更時來至花園，扳住牆頭，縱身上去，他便往裡一跳。只聽「噗咚」一聲，自己把自己倒嚇了一跳。但見樹林中透出月色，滿園中花影搖曳，彷彿都是人影兒一般。毛手毛腳賊頭賊腦，他卻認得路徑，一直竟奔敞廳而來。見棺材停放中間，猛然想起小姐入殮之時形景，不覺從脊樑骨上一陣發麻灌海，登時頭髮根根倒豎，害起怕來，又連打了幾個寒噤。暗暗說：「不好，我別要不得。」身子覺軟，就坐在敞廳欄杆踏板之上，略定了定神，回手拔出板斧，心裡想道：「我此來原為發財，這一上去打開棺蓋，財帛便可到手，你卻怕他怎的？這總是自己心虛之過。慢說無鬼，就是有鬼，也不過是閨中弱女，有什麼大本事呢？」想至此，不覺得雄心陡起，提了板斧便來到敞廳之上。對了棺木，一時天良難昧，便雙膝跪倒，暗暗祝道：「牛驢子實在是個苦小子，今日暫借小姐的簪環衣服一用，日後充足了，我再多多的給小姐燒些紙錁罷。」

　　祝畢起來，將板斧放下，只用雙手從前面托住棺蓋盡力往上一起，那棺蓋就離了位了。他便往左邊一跨；又繞到後邊也

是用雙手托住往上一起，他卻往右邊一跨，那棺蓋便橫斜在棺材上。

才要動手忽聽「噯喲」一聲便嚇得他把脖子一縮，跑下廳來「格嗒嗒」一個整顫，半晌還緩不過氣來。又見小姐掙扎起來，口中說道：「多承公公指引。」便不言語了。驢子喘息了喘息，想道：「小姐他會還了魂了？」又一轉念：「他縱然還魂，正在氣息微弱之時，我這上去將她掐住咽喉，她依然是死。我照舊發財，有何不可呢？」想至此又煞神附體，立起身來，從老遠的就將兩手比著要掐的式樣。

尚未來到敞廳，忽有一物飛來，正打在左手之上。驢子又不敢「噯喲」只疼得他咬著牙甩著手在廳下打轉。只見從太湖石後來了一人，身穿夜行衣服，竟奔驢子而來。瞧著不好，剛然要跑，已被那人一個箭步趕上，就是一腳。驢子便跌倒在地，口中叫道：「爺爺饒命！」那人便將驢子按在地上，用刀一晃道：「我且問你棺木內死的是誰？」驢子道：「是我家小姐。昨日吊死的。」那人吃驚道：「你家小姐為何吊死呢？」

驢子道：「只顏生當堂招認了，我家小姐就吊死了。不知是什麼緣故。只求爺爺饒命！」那人道：「你初念貪財還可饒恕，後來又生害人之心，便是可殺不可留了。」說到「可殺」

二字刀已落將下來，登時驢子入了湯鍋了。

你道此人是誰？他便是改名金懋叔的白玉堂。自從贈了顏生銀兩之後，他便先到祥符縣，將柳洪打聽明白，已知道此人慳吝，必然嫌貧愛富。後來打聽顏生到此，甚是相安，正在歡喜。

忽聽得顏生被祥符縣拿去，甚覺詫異，故此賣夜到此打聽個水落石出。已知顏生負屈含冤並不知小姐又有自縊之事。適才問了驢子，方才明白，即將驢子殺了。又見小姐還魂，本欲上前攙扶，又要避盟嫂之嫌疑，猛然心生一計：「我何不如此如此呢？」想罷便高聲嚷道：「你們小姐還了魂了！快來救人啊！」又向那角門上「噹」地一腳，連門帶框俱各歪在一邊。

他卻飛身上房，竟奔柳洪住房去了。

且說巡更之人原是四個，前後半夜倒換。這前半夜的二人正在巡更，猛聽得有人說小姐還魂之事，又聽得卡嚓一聲響亮，二人嚇了一跳。連忙順著聲音，打著燈籠一照見，花園角門連門框俱各歪在一邊。二人壯著膽子，進了花園，趁著月色先往敞廳上一看，見棺材蓋橫在材上，連忙過去細看。見小姐坐在棺內，閉著雙睛，口內尚在咕噥。二人見了，悄悄說道：「誰

說不是活了呢？快報員外、安人去。」剛然回身，只見那邊有一塊黑忽忽的，不知是什麼？打過燈籠一照，卻是一個人。內中有個眼尖的道：「夥計，這不是牛驢子麼？他為何躺在這裡呢？難道昨日停放之後把他落在這裡了？」又聽那人道：「這是什麼？稀濘的他踢了我一腳。啊呀！怎麼他脖子上有個口子呢？敢則是被人殺了。快快報與員外，說小姐還魂了。」

柳洪聽了，即刻叫開角門。馮氏也連忙起來，喚齊僕婦丫鬟俱往花園而來。誰知乳母田氏一聞此言，預先跑來扶著小姐呼喚。只聽小姐咕噥道：「多承公公指引，叫奴家何以報答。」柳洪、馮氏見小姐果然活了，不勝歡喜。大家攙扶出來，田氏轉身背負著小姐，僕婦幫扶左右圍隨，一直來到繡閣。

安放妥貼，又灌薑湯，少時漸漸地甦醒過來。容小姐靜一靜定定神。止於乳母田氏與安人小丫鬟等在左右看顧。柳洪就慢慢地下樓去了。只見更夫仍在樓門之外伺候。柳洪便道：「你二人還不巡更，在此作甚？」二人道：「等著員外回話。還有一宗事呢。」柳洪道：「還有什麼事呢？不是要討賞麼？」二人道：「討賞忙什麼呢。咱們花園躺著一個死人呢！」柳洪聞聽，大驚道：「為何有死人呢？」二人道：「員外隨我們看看就知道了。不是生人卻是個熟人。」

柳洪跟定更夫進了花園，來至敞廳，更夫舉起燈籠照著。

柳洪見滿地是血，戰戰兢兢看了多時道：「這不是牛驢子嗎？他如何被人殺了呢？」又見棺蓋橫著，旁邊又有一把板斧，猛然省悟道：「別是他前來開棺盜屍罷？如何棺蓋橫過來呢？」

更夫說道：「員外爺想的不錯。只是他被何人殺死呢？難道他見小姐活了，他自己抹了脖子？」柳洪無奈，只得派人看守，準備報官相驗。先叫人找了地保來，告訴他此事。地保道：「日前掐死了一個丫鬟尚未結案，如今又殺了一個家人。所有這些喜慶事情全出在尊府。此事就說不得了，只好員外爺辛苦辛苦，同我走一趟。」柳洪知道是故意的拿捏，只得進內取些銀兩給他們就完了。

不料來至套間屋內，見銀櫃的鎖頭落地，櫃蓋已開，這一驚非同小可。連忙查對，散碎銀兩俱各未動，單單整封銀兩短了十封。心內這一陣難受，又不是疼又不是癢，竟不知如何是好。發了會子怔，叫丫鬟去請安人，一面平了一兩六錢有零的銀算是二兩，央求地保呈報。地保得了銀子，自己去了。

柳洪急回身，來至屋內，不覺淚下。馮氏便問：「叫我有什麼事？女兒活了應該喜歡，為何反倒哭起來了呢？莫不成牛

驢子死了，你心疼他嗎？」柳洪道：「那盜屍賊我心疼他做什麼？」

馮氏道：「既不為此，你哭什麼？」柳洪便將銀子失去十封的話說了一遍：「因為心疼銀子，不覺淚流。這如今意欲報官，故此請你來商議商議。」馮氏聽了，也覺一驚。後來聽柳洪說要報官，連說：「不可不可。現在咱們家有兩宗人命的大案尚未完結，如今為丟銀子又去報官，別的都不遺失，單單的丟了十封銀子，這不是提官府的醒兒嗎？可見咱家積蓄多金。他若往歪裡一問，只怕再花上十封也未必能結案。依我說，這十封銀子只好忍個肚子疼，算是丟了罷。」柳洪聽了此言，深為有理，只得罷了。不過一時揪著心繫子怪疼的。

且說馬氏攛掇丈夫前去盜屍，以為手到成功，不想呆呆的等了一夜，未見回來，看得天已發曉，不由地埋怨道：「這王八蛋，好生可惡！他不虧我指引明路，教他發財，如今得了手且不回家，又不知填還那個小媽兒去了。少時他瞎爹若問起來，又該無故嘮叨。」正在自言自語埋怨，忽聽有人敲門道：「牛三哥！牛三哥！」婦人答道：「是誰呀？這麼早就來叫門。」說罷將門開了一看，原來是撿糞的李二。李二一見馬氏便道：「侄兒媳婦你煩惱啊！」馬氏聽了啐道：「呸！大清早起的也不嫌個喪氣。這是怎麼說呢？」李二說：「敢則是喪氣。你們

驢子叫人殺了，怎麼不喪氣！」牛三已在屋內聽見，便接言道：「李老二，你進屋裡來告訴明白了我，這是怎麼一件事情？」

李二便進屋內，見了牛三說：「告訴哥哥說，驢子侄兒不知為何被人殺死在那邊花園子裡了。你們員外報官了，少時就要來相驗呢。」牛三道：「好啊！你們幹得好事呀！有報應沒有？昨日那麼攔你們，你們不聽，到底兒遭了報了。這不叫員外受累嗎？李老二，你拉了我去。等著官府來了，我攔驗就是了。這不是嗎，我的兒子既死了，我那兒媳是斷不能守的，莫若叫他回娘家去吧。這才應了俗語兒了『驢的朝東馬的朝西。』。」

說著話，拿了明仗，叫李二拉著他，竟奔員外宅裡來。見了柳洪，便將要攔驗的話說了。柳洪甚是歡喜，又教導了好些話，那個說得那個說不得，怎麼具結領屍，編派停當。又將裝小姐的棺木挪在閒屋，算是為他買的壽木。及至官府到來，牛三攔驗，情願具結領屍。官府細問情由，方准所呈，不必細表。

且說顏生在監，多虧了雨墨服侍，不至受苦。自從那日過下堂來，至今並未提審，竟不知定了案不曾，反覺得心神不定。

忽見牢頭將雨墨叫將出來，在獄神廟前便發話道：「小伙

子，你今兒得出去了，我不能只是替你耽驚兒。再者你們相公今兒晚上也該叫他受用受用了。」雨墨見不是話頭，便道：「賈大叔，可憐我家相公負屈含冤，望大叔將就將就。」賈牢頭道：「我們早已可憐過了。我們若遇見都像你們這樣打官司，我們都餓死了。你打量裡裡外外費用輕呢？就是你那點子銀子一哄兒就結了。俗語說『衙門的錢，下水的船。這總要現了現。你總得想個主意才好呢。難道你們相公就沒個朋友嗎？」雨墨哭道：「我們從遠方投親而來，這裡如何有相知呢？沒奈何，還是求大叔可憐我們相公才好。」賈牢頭道：「你那是白說。我倒有個主意。你們相公有個親戚，他不是財主嗎？你為甚不弄他的錢呢？」雨墨流淚道：「那是我家相公對頭，他如何肯資助呢？」賈牢頭道：「不是那麼說。你與相公商量商量，怎麼想個法子將他的親戚咬出來。我們弄他的銀錢，好照應你們相公啊。是這麼個主意。」雨墨搖頭道：「這個主意卻難，只怕我家相公做不出來罷。」賈牢頭道：「既如此，你今兒就出去，直不准你在這裡。」雨墨見他如此神情，心中好生為難，急得淚流滿面，痛哭不止，恨不得跪在地下哀求。

忽聽監門口有人叫：「賈頭兒，賈頭兒快來喲！」賈牢頭道：「是了。我這裡說話呢。」那人又道：「你快來有話說。」賈牢頭道：「什麼事這麼忙？難道弄出錢來我一人使嗎？也是大傢伙兒分。」那外面說話的乃是禁子吳頭兒。他便問道：

「你又駁辦誰呢？」賈牢頭道：「就是顏查散的小童兒」吳頭兒道：「啊呀，我的太爺你怎麼惹他呢？人家的照應到了。此人姓白，剛才上衙門口略一點染就是一百兩呀！少時就進來了。你快快好好兒的預備著、伺候著罷。」牢頭聽了連忙回身。見雨墨還在那裡哭呢，連忙上前道：「老雨呀，你怎麼不禁嘔呢？說說笑笑嗷嗷嘔嘔，這有什麼呢？你怎麼就認起真來？我問問你，你家相公可有個姓白的朋友嗎？」雨墨道：「並沒有姓白的。」賈牢頭道：「你藏奸！你還惱著我呢？我告訴你，如今外面有個姓白的瞧你們相公來了。」

　　說話間，只見該值的頭目陪著一人進來，頭戴武生巾，身穿月白花氅，內襯一件桃紅襯袍，足登官靴，另有一番英雄氣概。雨墨看了，很像金相公卻不敢認。只聽那武生叫道：「雨墨，你敢則也在此麼？好孩子，真正難為你。」雨墨聽了此言，不覺得落下淚來，連忙上前參見道：「誰說不是金相公呢！」暗暗忖道：「如何連音也改了呢？」他卻哪裡知道金相公就是白玉堂呢。白五爺將雨墨扶起道：「你家相公在哪裡？」

　　不知雨墨如何回答，且聽下回分解。

# 第三十八回　替主鳴冤攔輿告狀　因朋涉險寄柬留刀

　　且說白玉堂將雨墨扶起道：「你家相公在哪裡？」賈牢頭不容雨墨答言，他便說：「顏相公在這單間，屋內都是小人們伺候。」白五爺道：「好。你們用心服侍，我自有賞賜。」賈牢頭連連答應幾個「是」。此時雨墨已然告訴了顏生。白五爺來至屋內，見顏生蓬頭垢面，雖無刑具加身，已然形容憔悴。連忙上前執手道：「仁兄如何遭此冤枉？」說至此聲音有些慘切。誰知顏生他卻毫不動念，便說道：「咳！愚兄愧見賢弟。賢弟到此何干？」那白五爺見顏生並無憂愁哭泣之狀，惟有羞容滿面，心中暗暗點頭，誇道：「顏生真乃英雄也。」便問此事因何而起。顏生道：「賢弟問他怎麼？」白玉堂道：「你我知己弟兄，非泛泛可比。難道仁兄還瞞著小弟不成？」顏生無奈只得說道：「此事皆是愚兄之過。」便將繡紅寄柬之事說了。「愚兄並未看明柬上是何言詞，因有人來，便將柬兒放在書內。誰知此柬遺失，到了夜間就生出此事。柳洪便將愚兄呈送本縣。後來虧得雨墨暗暗打聽，方知是小姐一片苦心，全是為顧愚兄。愚兄自恨遺失柬約，釀成禍端。兄若不應承，難道還攀扯閨閣弱質，壞她的清白？愚兄惟有一死而已。」白玉堂聽了顏生之

言，頗覺有理。復轉念一想道：「仁兄知恩報恩，捨己救人，原是大丈夫所為。獨不念老伯母在家懸念乎？」一句話卻把顏生的傷心招起，不由地淚如雨下，半晌說道：「事成不改，命中所造，大料難逃。這也是前世冤孽，今生報應。奈何奈何！愚兄死後，望賢弟照看家母。兄在九泉之下亦得瞑目。」

說罷痛哭不止。雨墨在旁亦落淚。白玉堂道：「何至如此。仁兄且自寬心，凡事還要再思。雖則為人亦當為己。聞得開封府包相斷事如神，何不到那裡去申訴呢？」顏生道：「賢弟此言差矣。此事非是官府屈打成招的，乃是兄自行承認的，又何必向包公那裡分辯去呢？」白玉堂道：「仁兄雖如此說，小弟惟恐本縣若到開封，只怕包相就不容仁兄招認了。那時又當如何？」顏道：「書云『匹夫不可奪志也』況愚兄乎？」

白玉堂見顏生毫無回轉之心，他便另有個算計了。便叫雨墨將禁子牢頭叫進來。雨墨剛然來到院中，只見禁子牢頭正在那裡嘰嘰喳喳，指手畫腳。忽見雨墨出來，便有二人迎將上來道：「老雨呀，有什麼吩咐的嗎？」雨墨道：「白老爺請你二人呢。」二人聽得此話，便狗顛屁股垂兒似的跑向前來。白五爺叫伴當拿出四封銀子，對他二人說道：「這是銀子四封賞你二人一封，分散眾人一封，餘下二封便是伺候顏相公的。從此後顏相公一切事體，全是你二人照管。倘有不到之處，我若聞

知卻，是不依你們的。」二人屈膝謝賞，滿口應承。白五爺又對顏生道：「這裡諸事妥貼，小弟要借雨墨隨我幾日，不知仁兄叫他去否？」顏生道：「他也在此無事，況此處俱已安置妥貼，愚兄也用他不著。賢弟只管將他帶去。」誰知雨墨早已領會白五爺之意，便欣然叩辭了顏生，跟隨白五爺出了監牢。

到了無人之處，雨墨便問白五爺道：「老爺將小人帶出監來，莫非叫小人瞞著我家相公，上開封府呈控麼？」一句話問得白五爺滿心歡喜道：「怪哉怪哉！你小小年紀，竟有如此聰明，真正罕有。我原有此意，但不知你敢去不敢去？」

雨墨道：「小人若不敢去，也就不問了。自從那日我家相公招承之後，小人就要上京內開封府控告去。只因監內無人伺候，故此耽延至今。今日又見老爺話語之中提拔我家相公，我家相公毫不省悟。故此方才老爺一說要借小人跟隨幾天，小人就明白了是為著此事。」白五爺哈哈大笑道：「我的意思竟被你猜著了。我告訴你，你相公入了情魔了，一時也化解不開。須到開封府告去，方能打破迷關。你明日就到開封府，就把你家相公無故招承認罪原由申訴一番，包公自有斷法。我在暗中給你安置安置。大約你家相公就可脫了此災了。」說罷便叫伴當給他十兩銀子。雨墨道：「老爺前次賞過兩個錁子，小人還沒使呢。老爺改日再賞罷。再者小人告狀去，腰間也不好多帶

銀子。」

　　白五爺點頭道：「你說的也是。你今日就往開封府去，在附近處住下，明日好去申冤。」雨墨連連稱是，竟奔開封府去了。

　　誰知就是此夜，開封府出了一件詫異的事。包公每日五更上朝，包興、李才預備伺候一切冠帶、袍服、茶水、羹湯俱各停當，只等包公一呼喚便諸事齊整。二人正在靜候，忽聽包公咳嗽，包興連忙執燈掀起簾子來至裡屋內。剛要將燈往桌上一放，不覺駭目驚心，失聲道：「哎呀！」包公在帳子內便問道：「什麼事？」包興道：「這是哪裡來的刀……刀……刀啊？」包公聽見，急披衣坐起撩起帳子一看，果見是明晃晃的一把鋼刀橫在桌上，刀下還壓著束帖兒。便叫包興：「將束帖拿來我看。」包興將束帖從刀下抽出，持著燈遞給相爺。一看見上面有四個大字，寫著：「顏查散冤。」包公忖度了一會，不解其意，只得淨面穿衣且自上朝，候散朝後再慢慢的訪查。

　　到了朝中諸事已完，便乘轎而回。剛至衙門，只見從人叢中跑出個小孩子來，在轎旁跪倒，口稱冤枉。卻好王朝走到，將他獲住。包公轎至公堂，落下轎立刻升堂，便叫帶那小孩子。該班的傳出。此時王朝正在角門外問雨墨的名姓，忽聽叫帶小

孩子，王朝囑咐道：「見了相爺，不要害怕，不可胡說。」

雨墨道：「多承老爺教導。」王朝進了角門，將雨墨帶上堂去。

雨墨便跪倒向上叩頭。包公問道：「那小孩子叫什麼名字？為著何事？訴上來。」雨墨道：「小人名叫雨墨，乃武進縣人。只因同我家主人到祥符縣投親……」包公道：「你主人叫什麼名字？」雨墨道：「姓顏名查散。」包公聽了：「顏查散」二字暗暗道：「原來果有顏查散。」便問道：「投在什麼人家？」

雨墨道：「就是雙星橋柳員外家。這員外名叫柳洪，他是小主人的姑夫。誰知小主人的姑母三年前就死了，此時卻是續娶的馮氏安人。只因柳洪膝下有個姑娘名柳金蟬，是從小兒就許與我家相公為妻。小人的主人原奉母命前來投親，一來在此讀書預備明年科考；二來又為的是完姻。誰知柳洪將我主僕二人留在花園居住，敢則是他不懷好意。住了才四天，那日清早便有本縣的衙役前來，把我主人拿去了。說我主人無故的將小姐的丫鬟繡紅掐死在內角門以外。回相爺，小人與小人的主人時刻不離左右。小人的主人並未出花園的書齋，如何會在內角門掐死了丫鬟呢？不想小人的主人被縣裡拿去，剛過頭一堂，就滿口應承說是自己將丫鬟掐死，情願抵命。不知是什麼緣故。

因此小人到相爺台前，懇求相爺與小人的主人作主。」說罷復又叩頭。

　　包公聽了，沉吟半晌，便問道：「你家相公既與柳洪是親戚，想來出入是不避的了？」雨墨道：「柳洪為人極其固執，慢說別人，就是這個續娶的馮氏，也未容我家主人相見。主僕在那裡四五天，盡在花園書齋居住。所有飯食茶水，俱是小人進內自取，並未派人服侍，很不像待親戚的道理。菜裡頭連一點兒肉腥也沒有。」包公又問道：「你可知道小姐那裡除了繡紅，還有幾個丫頭呢？」雨墨道：「聽得說小姐那裡就只一個丫鬟繡紅，還有個乳母田氏。這個乳母卻是個好人。」包公忙問道：「怎見得？」雨墨道：「小人進內取茶飯時，他就向小人說『園子空落你們主僕在那裡居住，須要小心，恐有不測之事。依我說莫若過一兩天你們還是離了此處好。』不想果然就遭了此事了。」包公暗暗地躊躇道：「莫非乳母曉得其中原委呢？何不如此如此，看是如何？」想罷，便叫將雨墨帶下去就在班房聽候。立刻吩咐差役將柳洪並他家乳母田氏分別傳來不許串供。又吩咐到祥符縣提顏查散到府聽審。

　　包公暫退堂。用飯畢正要歇息。只見傳柳洪的差役回來稟道：「柳洪到案。」老爺吩咐伺候升堂。將柳洪帶上堂來問道：「顏查散是你什麼人？」柳洪道：「是小老兒的內侄。」包公

道：「他來此作什麼來了？」柳洪道：「他在小老兒家讀書為的是明年科考。」包公道：「聞聽得他與你女兒自幼聯姻，可是有的麼？」柳洪暗暗的納悶道：「怨不得人說包公斷事如神。我家裡事他如何知道呢？」至此無奈只得說道：「是從小兒定下的婚姻。他此來一則為讀書預備科考，二則為完姻。」包公道：「你可曾將他留下？」柳洪道：「留他在小老兒家居住。」

包公道：「你家丫頭繡紅可是服侍你女兒的麼？」柳洪道：「是從小兒跟隨小女兒，極其聰明又會寫又會算，實在死的可惜。」包公道：「為何死的？」柳洪道：「就是被顏查散扣喉而死。」包公道：「什麼時候死的？死於何處？」柳洪道：「及至小老兒知道，已有二鼓之半。卻是死在內角門以外。」

包公聽罷，將驚堂木一拍道：「我把你這老狗滿口胡說！方纔你說及至你知道的時節已有二鼓之半，自然是你的家人報與你知道的。你並未親眼看見是誰掐死的，如何就知是顏查散相害？這明明是你嫌貧愛富，將丫鬟掐死，有意誣賴顏生。你還敢在本閣跟前支吾麼？」柳洪見包公動怒，連忙叩頭道：「相爺請息怒，容小老兒細細的說。丫鬟被人掐死，小老兒原也不知是誰掐死的。只因死屍之旁落下一把扇子，卻是顏生的名款，因此才知道是顏生所害。」說罷復又叩頭。包公聽了，思想了半晌：「如此看來定是顏生作下不才之事了。」

91

　　又見差役回道：「乳母田氏傳到。」包公叫把柳洪帶下去，即將田氏帶上堂來。田氏哪裡見過這樣堂威，已然嚇得魂不附體，渾身抖衣而戰。包公問道：「你就是柳金蟬的乳母麼？」

　　田氏道：「婆……婆子便是。」包公道：「丫鬟繡紅為何死的？從實說來。」田氏到了此時，那敢撒謊，便把如何聽見我家員外、安人私語要害顏生，自己如何與小姐商議要救顏生，如何叫繡紅私贈顏生銀兩的話說了。」誰知顏姑爺得了財物，不知何故，竟將繡紅掐死了。偏偏的又落下一把扇子，連那個字帖兒。我家員外見了氣得了不得，就把顏姑爺送了縣了。誰知我家的小姐就上了吊了。」包公聽至此不覺愕然道：「怎麼柳金蟬竟自死了麼？」田氏道：「死了之後又活了。」包公又問道：「如何又會活了呢？」田氏道：「皆因我家員外、安人商量此事，說顏姑爺是頭一天進了監，第二天姑娘就吊死了，況且又是未過門之女。這要是吵嚷出去，這個名聲兒不好聽的。因此就說是小姐病得要死，買口棺材來沖一沖，卻悄悄地把小姐裝殮了，停放後花園內敞廳上。誰知半夜裡有人嚷說『你們小姐還了魂了！』大傢伙兒聽見了，連忙過去一看，誰說不是活了呢！棺材蓋也橫過來了，小姐在棺材裡坐著呢。」包公道：「棺材蓋如何會橫過來呢？」田氏道：「聽說是宅內的下人牛驢子偷偷兒盜屍去，他見小姐活了不知怎麼他又抹了脖子了。」

　　包公聽畢，暗暗思想道：「可惜金蟬一番節烈，竟被無義的顏生辜負了。可恨顏生既得財物又將繡紅掐死，其為人的品行就不問可知了。如何又有寄來留刀之事並有小童雨墨替他伸冤呢？」想至此便叫帶雨墨。左右即將雨墨帶上堂來。

　　包公把驚堂木一拍道：「好狗才！你小小年紀竟敢大膽矇混本閣，該當何罪？」雨墨見包公動怒，便向上叩頭道：「小人句句是實話，焉敢矇混相爺。」包公一聲斷喝：「你這狗才就該掌嘴！你說你主人並未離書房，他的扇子為何又在內角門以外呢？講！」不知雨墨回答什麼言語，且聽下回分解。

# 第三十九回　鍘斬君衡書生開罪　石驚趙虎俠客爭鋒

　　且說包公一聲斷喝：「呔！你這狗才就該掌嘴！你說你主人並未離了書房，他的扇子如何又在內角門以外呢？」雨墨道：「相爺若說扇子，其中有個情節。只因柳洪內侄名叫馮君衡，就是現在馮氏安人的侄兒。那一天和我主人談詩對對子，後來他要我主人扇子瞧，卻把他的扇子求我主人寫。我家主人不肯寫。他不依就把我主人的扇子拿去。他說寫得了再換。相爺不信，打發人取來現時仍在筆筒內插著。那把『次姑龍冬嗆』的扇子就是馮君衡的。小人斷不敢撒謊。」忽見包公哈哈大笑，雨墨只當包公聽見這「次姑龍冬嗆」樂了呢，他哪裡知道包公因問出扇子的根由，心中早已明白此事，不由哈哈大笑，十分暢快。立刻出簽，捉拿馮君衡到案。

　　此時祥符縣已將顏查散解到。包公便叫將田氏帶下去，叫雨墨跪在一旁。將顏生的招狀看了一遍，已然看出破綻，不由暗暗笑道：「一個情願甘心抵命，一個以死相酬自盡，他二人也堪稱為義夫節婦了。」便叫帶顏查散。

94

顏生此時銬鐐加身，來至堂上一眼看見雨墨，心中納悶道：「他到此何干？」左右上來去了刑具。顏生跪倒。包公道：「顏查散抬起頭來。」顏生仰起面來。包公見他雖然蓬頭垢面，卻是形容秀美良善之人，便問：「你如何將繡紅掐死？」顏生便將在縣內口供一字不改，訴將上去。包公點了點頭道：「繡紅也真正的可惡。你是柳洪的親戚，又是客居他家，他竟敢不服呼喚，口出不遜無怪你憤恨。我且問你，你是什麼時候出了書齋？由何路徑到內角門？什麼時候掐死繡紅？她死於何處？講！」顏生聽包公問到此處，竟不能答，暗暗地道：「好厲害！好厲害！我何嘗掐死繡紅，不過是恐金蟬出頭露面，名節攸關，故此我才招認掐死繡紅。如今相爺細細地審問，何時出了書齋，由何路徑到內角門，我如何說得出來？」正在為難之際，忽聽雨墨在旁哭道：「相公此時還不說明，真個就不念老安人在家懸念麼？」顏生一聞此言，觸動肝腑，又是著急又慚愧，不覺淚流滿面向上叩頭道：「犯人實實罪該萬死！惟求相爺筆下超生。」說罷痛哭不止。包公道：「還有一事問你，柳金蟬既已寄柬與你，你為何不去？是何緣故？」顏生哭道：「噯呀相爺呀！千錯萬錯錯在此處。那日繡紅送柬之後，犯人剛然要看，恰值馮君衡前來借書，犯人便將此柬掖在案頭書內。誰知馮君衡去後遍尋不見，再也無有。犯人並不知柬中是何言詞，如何知道有內角門之約呢？」

包公聽了便覺瞭然。

只見差役回道：「馮君衡拿到。」包公便叫顏生主僕下去，立刻帶馮君衡上堂。包公見他兔耳鶯腮蛇眉鼠眼！已知是不良之輩，把驚堂木一拍道：「馮君衡，快將假名盜財，因奸致命，從實招來！」左右連聲催嚇：「講！講！講！」馮君衡道：「沒有什麼招的。」包公道：「請大刑！」左右將三根木，望堂上一摔，馮君衡害怕，只得口吐實情，將如何換扇，如何盜柬，如何二更之時拿了扇柬冒名前去，只因繡紅要嚷，如何將她扣喉而死，又如何撇下扇柬，提了包袱銀兩回轉書房，從頭至尾述說一遍。包公問明，叫他畫了供，立刻請御刑。王、馬、張、趙將狗頭鍘抬來，還是照舊章程，登時將馮君衡鍘了。丹墀之下只嚇得柳洪、田氏以及顏生主僕誰敢仰視。

剛將屍首打掃完畢，御刑仍然安放堂上。忽聽包公道：「帶柳洪！」這一聲把個柳洪嚇得膽裂魂飛，筋酥骨軟，好容易掙扎爬至公堂之上。包公道：「我把你這老狗！顏生受害，金蟬懸樑，繡紅遭害，驢子被殺，以及馮君衡遭刑，全由你這老狗嫌貧愛富起見，致令生者、死者、死而復生者受此大害。今將你廢於鍘下，大概不委屈你罷？」柳洪聽了，叩頭碰地道：「實在不屈。望相爺開天地之恩，饒恕小老兒改過自新，以贖前愆。」包公道：「你既知要贖罪，聽本閣吩咐，今將顏生交

付與你，就在你家攻書，所有一切費用你要好好看待。」俟明年科考之後，中與不中，即便畢姻。倘顏查散稍有疏虞，我便把你拿來仍然廢於鍘下。你敢應麼？」柳洪道：「小老兒願意，小老兒願意。」包公便將顏查散、雨墨叫上堂來道：「你讀書要明大義為，何失大義而全小節？便非志士，乃系腐儒。自今以後，必須改過，務要好好讀書。按日期將窗課送來本閣與你看視。倘得寸進，庶不負雨墨一片為主之心。就是平素之間，也要將他好好看待。」顏生向上叩頭道：「謹遵台命。」

三個人又從新向上叩頭。柳洪攜了顏生的手，顏生攜了雨墨手，又是歡喜又是傷心，下了丹墀，同了田氏一齊回家去了。

此案已結，包公退堂，來至書房，便叫包興請展護衛。你道展爺幾時回來的？他卻來在顏查散、白玉堂之先，只因騰不出筆來，不能敘寫。事有緩急，況顏生之案是一氣，字再也間斷不得，如何還有工夫提展爺呢。如今顏生之案已完，必須要說一番。

展爺自從救了老僕顏福之後，那夜便趕到家中。見了展忠，將茉花村比劍聯姻之事述說一回。彼此換劍做了定禮，便將湛盧寶劍給他看了。展忠滿心歡喜。展爺又告訴他現在開封府有一件緊要之事，故此連夜趕回家中，必須早赴東京。展忠道：

「作皇家官，理應報效朝廷。家中之事，全有老奴照管。爺自請放心。」展爺便叫伴當收行李備馬，立刻起程，竟奔開封府而來。及至到了開封府，便先見了公孫先生與王、馬、張、趙等，卻不提白玉堂來京，不過略問了問，一向有什麼事故沒有。大家俱言無事。又問展爺道：「大哥原告兩個月的假，如何恁早回來？」展爺道：「回家祭掃完了，在家無事，莫若早些回來，省得臨期匆忙。」也就遮掩過去。他卻參見了相爺，暗暗將白玉堂之事回了。包公聽了，吩咐嚴加防範，設法擒拿。展爺退回公所，自有眾人與他接風撣塵，一連熱鬧了幾天。展爺卻每夜防範，並不見什麼動靜。

不想由顏查散案中生出奇柬留刀之事。包公雖然疑心，尚未知虛實，如今此案已經斷明果係「顏查散冤」，應了柬上之言。包公想起留刀之人，退堂後來至書房，便請展爺。展爺隨著包興進了書房，參見包公。包公便提起寄柬留刀之人，行蹤詭秘，令人可疑：「護衛需要嚴加防範才好。」展爺道：「卑職前日聽見主管包興述說此事，也就有些疑心。這明是給顏查散辨冤，暗裡卻是透信。據卑職想，留刀之人恐是白玉堂了。卑職且與公孫策計議去。」包公點頭。

展爺退出來至公所，已然秉上燈燭。大家擺上酒飯，彼此就座。公孫先生便問展爺道：「相爺請吾兄有何見諭？」展爺

道：「相爺為寄柬留刀之事叫大家防範些。」王朝道：「此事原為替顏查散明冤，如今既已斷明，顏生已歸柳家去了，此時又何必防什麼呢？」展爺此時卻不能不告訴眾人白玉堂來京找尋之事，便將在茉花村比劍聯姻後至蘆花蕩，方知白玉堂進京來找「御貓」之事說了。「故此劣兄一聞此言就急急趕來。」張龍道：「原來大哥定了親了，還瞞著我們呢。恐怕兄弟們要吃大哥的喜酒。如今既已說出來，明日是要加倍罰的。」

馬漢道：「吃酒是小事。但不知錦毛鼠是怎麼個人？」展爺道：「此人姓白名玉堂乃五義中的朋友。」趙虎道：「什麼五義？小弟不明白。」展爺便將陷空島的眾人說出，又將綽號兒說與眾人聽了。公孫先生在旁聽得明白，猛然省悟道：「此人來找大哥，卻是要與大哥和氣的。」展爺道：「他與我素無仇隙，與我鬥什麼氣呢？」公孫策道：「大哥你自想想。他們五人號稱『五鼠』你卻號稱『御貓』焉有貓兒不捕鼠之理？這明是嗔大哥號稱『御貓』之故，所以知道他要與大哥鬥氣。」展爺道：「賢弟所說似乎有理。但我這『御貓』乃聖上所賜，非是劣兄主意稱『貓』要欺壓朋友。他若真個為此事而來，劣兄甘拜下風從此後不稱『御貓』也未為不可。」眾人尚未答言，惟趙虎正在豪飲之間，聽見展爺說出此話，他卻有些不服氣，拿著酒杯立起身來道：「大哥，你老素昔膽量過人，今日何自餒如此？這『御貓』二字乃聖上所賜，如何改得？倘若是那個

什麼白糖咧黑糖咧他不來便罷,他若來時我燒一壺開開的水,把他衝著喝了,也去去我的滯氣。」展爺連忙擺手說:「四弟俏言。豈不聞窗外有耳?……」

剛說至此,見聽拍地一聲,從外面飛進一物,不偏不歪,正打在趙虎擎的那個酒杯之上,只聽噹啷啷一聲,將酒杯打了個粉碎。趙爺嚇了一跳,眾人無不驚駭。只見展爺早已出席,將隔扇虛掩,回身復又將燈吹滅,便把外衣脫下,裡面卻是早已結束停當的。暗暗的將寶劍拿在手中,卻把隔扇假做一開,只聽拍地一聲又是一物打在隔扇上。展爺這才把隔扇一開,隨著勁一伏身躥將出去。只覺得迎面一股寒風「颼」地就是一刀。展爺將劍扁著往上一迎,隨招隨架,用目在星光之下仔細觀瞧。見來人穿著簇青的夜行衣靠,腳步伶俐,依稀是前在苗家集見的那人。二人也不言語,惟聽刀劍之聲叮噹亂響。

展爺不過招架並不還手。見他刀刀逼緊,門路精奇,南俠暗暗喝采。又想道:「這朋友好不知進退。我讓著你不肯傷你,又何必斬盡殺絕?難道我還怕你不成?」暗道:「也叫他知道知道。」便把寶劍一橫,等刀臨近,用個鶴唳長空勢,用力往上一削,只聽「噌」地一聲,那人的刀已分為兩段,不敢進步。只見他將身一縱,已上了牆頭。展爺一躍身,也跟上去。那人卻上了耳房。展爺又躍身而上。及至到了耳房,那人卻上了大

堂的房上。展爺趕至大堂房上，那人一伏身越過脊去。展爺不敢緊迫，恐有暗器，卻退了幾步，從這邊房脊剛要越過，瞥見眼前一道紅光，忙說：「不好！」把頭一低，剛躲過面門，卻把頭巾打落。那物落在房上，咕嚕嚕滾將下去，方知是個石子。

原來夜行人另有一番眼力，能暗中視物，雖不真切卻能分別。最怕猛然火光一亮，反覺眼前一黑，猶如黑天在燈光之下乍從屋內來，必須略站片時方覺眼前光亮些。展爺才覺眼前有火光亮一晃，已知那人必有暗器，趕緊把頭一低，所以將頭巾打落。要是些微力笨點的，不是打在面門之上，重點打下房來咧！此時展爺再往脊的那邊一望，那人早已去了。

此際公所之內王、馬、張、趙帶領差役，燈籠火把，各執器械，俱從角門繞過，遍處搜查，哪裡有個人影兒呢。惟有愣爺趙虎怪叫吆喝，一路亂嚷。

展爺已從房上下來，找著頭巾，同到公所，連忙穿了衣服與公孫先生來找包興。恰遇包興奉了相爺之命來請二人。二人即便隨同包興一同來至書房，參見了包公，便說方才與那人交手情形：「未能拿獲，實卑職之過。」包公道：「黑夜之間，焉能一戰成功。據我想來，惟恐他別生枝葉，那時更難拿獲，倒要大費周折呢。」又囑咐了一番，闔署務要小心。展爺與公

孫先生連連答應。二人退出來至公所，大家計議。惟有趙虎噘

著嘴再也不言語了。自此夜之後，卻也無甚動靜，惟有小心而

已。未知後事如何，且聽下回分解。

# 第四十回　思尋盟弟遣使三雄　欲盜贓金糾合五義

　　且說陷空島盧家莊那鑽天鼠盧方，自從白玉堂離莊，算來將有兩月，未見回來，又無音信，甚是放心不下。每日裡唉聲嘆氣，坐臥不安，連飲食俱各減了。雖有韓、徐、蔣三人勸慰，無奈盧方實心忠厚，再也解釋不開。一日兄弟四人同聚於待客廳上。盧方道：「自我弟兄結拜以來，朝夕相聚，何等快樂。偏是五弟少年心性，好事逞強，務必要與什麼『御貓』較量。至今去了兩月有餘，未見回來，劣兄好生放心不下。」四爺蔣平道：「五弟未免過於心高氣傲，而且不服人勸。小弟前次略略說了幾句，險些兒與我反目。據我看來，惟恐五弟將來要從這上頭受害呢。」徐慶道：「四弟再休提起。那日要不是你說他，他如何會私自賭氣走了呢？全是你多嘴的不好。那有你三哥也不會說話，也不勸他的好呢。」盧方見徐慶抱怨蔣平，惟恐他二人分爭起來，便道：「事已至此，別的暫且不必提了。只是五弟此去，倘有疏虞，那時怎了？劣兄意欲親赴東京尋找尋找，不知眾位賢弟以為如何？」蔣平道：「此事又何必大哥前往。既是小弟多言他賭氣去了，莫若小弟去尋他回來就是了。」韓彰道：「四弟是斷然去不得的。」蔣平道：「卻是為

何?」韓彰道:「五弟這一去必要與姓展的分個上下,倘若得了上風那還罷了;他若拜了下風,再想起你的前言,如何還肯回來。你是斷去不得的。」徐慶接言道:「待小弟前去如何?」

盧方聽了,卻不言語,知道徐慶為人粗魯,是個渾愣。他這一去不但不能找回五弟,巧則倒要鬧出事來。韓彰見盧方不語,心中早已明白了,便道:「三弟要去,待劣兄與你同去如何?」

盧方聽韓彰要與徐慶同去,方答言道:「若得二弟同去,劣兄稍覺放心。」蔣平道:「此事因我起見,如何二哥、三哥辛苦,小弟倒安逸呢?莫如小弟也同去走一遭如何?」盧方也不等韓彰、徐慶說便言道:「若是四弟同去,劣兄更覺放心。明日就與三位賢弟餞行便了。」

忽見莊丁進來稟道:「外面有鳳陽府柳家莊柳員外求見。」

盧方聽了問道:「此係何人?」蔣平道:「弟知此人。他乃金頭太歲甘豹的徒弟,姓柳名青緽號白面判官。不知他來此為著何事?」盧方道:「三位賢弟且先迴避,待劣兄見他,看是如何。」吩咐莊丁:「快請。」盧方也就迎了出去。

　　柳青同了莊丁進來。見他身量卻不高大，衣服甚是鮮明。白馥馥一張面皮，暗含著惡態，疊暴著環睛，明露著詭計多端。彼此相見，各通姓名，盧方便執手讓至待客廳上就座獻茶。盧爺便問道：「久仰芳名，未能奉謁。今蒙降臨，有屈台駕。不知有何見教，敢乞明示。」柳青道：「小弟此來不為別事。只因仰慕盧兄行俠尚義，故此斗膽前來，殊覺冒昧。大約說出此事絕不見責。只因敝處太守孫珍乃兵馬司孫榮之子，卻是太師龐吉之外孫。此人淫慾貪婪，剝削民脂，造惡多端，概難盡述。刻下為與龐吉慶壽，他備得松景八盆，其中暗藏黃金千兩以為趨奉獻媚之資。小弟打聽得真實，意欲將此金劫下。非是小弟貪愛此金，因敝處連年荒旱，即以此金變了價，買糧米賑濟，以紓民困。奈弟獨力難成，故此不辭跋涉，仰望盧兄幫助是幸。」盧方聽了，便道：「弟蝸居山莊原是本分人家。雖有微名並非要結而得。至行劫竊取之事更不是我盧方所為。足下此來竟自徒勞。本欲款留盤桓幾日，惟恐有誤足下正事，反為不美。莫若足下早早另為打算。」說罷一執手道：「請了。」柳青聽盧方之言，只羞得滿面通紅，把個白面判官竟成了紅面判官了。暗道：「真乃聞名不如見面，原來盧方是這等人！如此看來，義在哪裡？我柳青來的不是路了。」站起身來也說一個「請」字，頭也不回竟出門去了。

　　誰知莊門卻是兩個相連，只見那邊莊門出來了一個莊丁，

迎頭攔住道：「柳員外暫停貴步。我們三位員外到了。」柳青
回頭一看，只見三個人自那邊過來。仔細留神，見三個人高矮
不等，胖瘦不一，各具一種豪俠氣概。柳青只得止步問道：
「你家大員外既已拒絕於我，三位又係何人？請言其詳。」蔣
平向前道：「柳兄不認得小弟了麼？小弟蔣平。」指著二爺、
三爺道：「此是我二哥韓彰。此是我三哥徐慶。」柳青道：
「久仰久仰！失敬失敬！請了。」說罷回身就走。蔣平趕上前
說道：「柳兄不要如此。方纔之事弟等皆知。非是俺大哥見義
不為，只因這些日子心緒不定，無暇及此，誠非有意拒絕尊兄，
望乞海涵。弟等情願替大哥賠罪！」說罷就是一揖。


　　柳青見蔣平和容悅色，慇勤勸慰，只得止步轉身道：「小
弟原是仰慕眾兄的義氣干雲，故不辭跋涉而來；不料令兄竟如
此固執，使小弟好生的抱愧。」二爺韓彰道：「實是大兄長心
中有事，言語鯁直，多有得罪。柳兄不要介懷。弟等請柳兄在
這邊一敘。」徐慶道：「有話不必在此敘談，咱們且到那邊再
說不遲。」柳青只得轉步。進了那邊莊門，也有五間客廳。韓
爺將柳青讓至上面，三人陪坐，莊丁獻茶。蔣平又問了一番鳳
陽太守貪贓受賄剝削民膏的過惡。又問：「柳兄既有此舉，但
不知用何計策？」柳青道：「弟有師傳的蒙汗藥、斷魂香，到
了臨期只須如此如此，便可成功。」蔣爺、韓爺點了點頭，惟
有徐爺鼓掌大笑說：「好計好計！」大家歡喜。

　　蔣爺又對韓、徐二位道：「二位哥哥在此陪著柳兄，小弟還要到大哥那邊一看。此事需要瞞著大哥。如今你我俱在這邊，惟恐工夫大了，大哥又要煩悶。莫若小弟去到那裡，只說二哥、三哥在這裡打點行裝。小弟在那裡陪著大哥，二位兄長在此陪著柳兄，庶乎兩便。」韓爺道：「四弟所言甚是。你就過那邊去罷。」徐慶道：「還是四弟有算計。快去快去。」蔣爺別了柳青，與盧方解悶去了。這裡柳青便問道：「盧兄為著何事煩惱？」韓爺道：「哎，說起此事來，全是五弟任性胡為。」柳青道：「可是呀。方才盧兄提白五兄進京去了，不知為著何事？」韓彰道：「聽得東京有個號稱『御貓』姓展的，是老五氣他不過，特前去會他。不想兩月有餘，毫無信息。因此大哥又是思念又是著急。」柳青聽至此歎道：「原來盧兄特為五弟不耐煩。這樣愛友的朋友，小弟幾乎錯怪了。然而大哥與其徒思無益，何不前去找尋找尋呢？」徐慶道：「何嘗不是呢。原是俺要去找老五，偏偏的二哥、四弟要與俺同去。若非他二人耽擱，此時俺也走了五六十里路了。」韓爺道：「雖則耽延程途，幸喜柳兄前來，明日正好同往。一來為尋五弟，二來又可暗辦此事，豈不是兩全其美麼？」柳青道：「既如此，二位兄長就打點行裝，小弟在前途恭候，省得盧兄看見又要生疑。」

　　韓爺道：「到此焉有不待酒飯之理！」柳青笑道：「你我

非酒肉朋友，吃喝是小事。還是在前途恭候的為是。」說罷立起身來。

韓爺、徐慶也不強留，定准了時刻地方，執手告別。韓、徐二人送了柳青去後，也到這邊來見了盧方，卻不提柳青之事。

到了次日，盧方預備了送行的酒席，兄弟四人吃喝已畢。

盧方又囑咐了許多的言語，方將三人送出莊門，親看他們去了，立了多時才轉身回去。他三人趲步向前，竟赴柳青的約會去了。

他等只顧劫取孫珍的壽禮，未免耽延時日。不想白玉堂此時在東京鬧下出類拔萃的亂子來了。自從開封府夤夜與南俠比試之後，悄悄回到旅店，暗暗思忖道：「我看姓展的本領果然不差。當初我在苗家集曾遇夜行之人，至今耿耿在心。今見他步法形景頗似當初所見之人。莫非苗家集遇見的就是此人？若真是他則是我意中朋友。再者南俠稱『貓』之號原不是他出於本心，乃是聖上所賜。聖上只知他的技藝巧於貓，如何能夠知道我錦毛鼠的本領呢。我既到了東京何不到皇宮內走走，倘有機緣略施展施展。一來使當今知道我白玉堂；二來也顯顯我們陷空島的人物；三來我做的事聖上知道必交開封府。既交到開

封府，再沒有不叫南俠出頭的。那時我再設個計策，將他誆入陷空島，奚落他一場『是貓兒捕了耗子還是耗子咬了貓？』縱然罪犯天條，斧鉞加身，也不枉我白玉堂虛生一世。哪怕從此傾生，也可以名傳天下。但只一件，我在店中存身，不大穩便。待我明日找個很好的去處，隱了身體，那時叫他們望風捕影，也知道姓白的厲害！」他既橫了心，立下此志，就不顧什麼紀律了。

單說內苑，萬代壽山有總管姓郭名安，他乃郭槐之侄。自從郭槐遭誅之後，他也不想想所做之事該剮不該剮，他卻自具一偏之見，每每暗想道：「當初咱叔叔謀害儲君，偏偏的被陳林救出，以致久後事犯被戮。細細想來，全是陳林之過，必是有意與郭門作對。再者當初我叔叔是都堂，他是總管，尚且被他治倒，置之死地。何況如今他是都堂，我是總管。倘或想起前仇，咱家如何逃出他的手心裡呢？以大壓小更是容易。怎麼想個法子，將他害了，一來與叔叔報仇，二來也免得每日耽心。」

一日晚間，正然思想，只見小太監何常喜端了茶來，雙手捧至郭安面前。郭安接茶慢飲。這何太監年紀不過十五六歲，極其伶俐，郭安素來最喜歡他。他見郭安默默不語，如有所思，便知必有心事，又不敢問，只得搭訕著說道：「前日雨前茶你

老人家喝著沒味兒。今日奴婢特向都堂那裡和夥伴們尋一瓶上用的龍井茶來，給你老人家泡了一小壺兒。你老人家喝著這個如何？」郭安道：「也還罷了。只是以後你倒要少往都堂那邊去。他那裡黑心人多，你小孩子家懂得什麼。萬一叫他們害了，豈不白白把個小命送了麼？」

何常喜聽了，暗暗輾轉道：「聽他之言，話內有因。他別與都堂有什麼拉攏罷？我何不就棍打腿探探呢？」便道：「敢則是這麼著嗎？若不是你老人家教導奴婢，哪裡知道呢？但只一件，他們是上司衙門，往往的捏個短兒拿個錯兒，你老人家還擔的起，若是奴婢哪裡攔的住呢。一來年輕二來又不懂事，時常去到那裡叔叔長大爺短和他們鬼混。明是討他們好兒，暗裡卻是打聽他們的事情。就是他們安著壞心也不過仗著都堂的威勢欺人罷了。」郭安聽了，猛然心內一動，便道：「你常去可聽見他們有什麼事沒有呢？」何常喜道：「卻倒沒有聽見什麼事。就是昨日奴婢尋茶去，見他們拿著一匣人參，說是聖上賞都堂的。因為都堂有了年紀，神虛氣喘，嗽聲不止，未免是當初操勞太過，如今百病趁虛而入。因此賞參要加上別的藥味配什麼藥酒每日早晚喝些最是消除百病益壽延年。」郭安聞聽，不覺發恨道：「他還要益壽延年！恨不能他立刻傾生，方消我心頭之恨！」不知郭安怎生謀害陳林，且聽下回分解。

# 第四十一回　忠烈題詩郭安喪命　開封奉旨趙虎喬裝

且說何太監聽了一怔，道：「奴婢瞧都堂為人行事卻是極好的，而且待你老人家不錯，怎麼這樣恨他呢？想來都堂是他跟的人不好，把你老人家鬧寒了心咧。」郭安道：「你小人家不懂得聖人的道理。聖人說：『父母之仇，不共戴天。』他害了我的叔叔，就如害了父母一般，我若不報此仇，豈不被人恥笑呢？我久懷此心，未得其便。如今他既用人參做酒，這是天賜其便。」何太監暗暗想道：「敢則與都堂原有仇隙，怨不得他每每的如有所思呢。但不知如何害法？我且問明白了，再做道理。」便道：「他用人參乃是補氣養神的，你老人家怎麼倒說天賜其便呢？」郭安道：「我且問你，我待你如何？」常喜道：「你老人家是最疼愛我的，真是吃虱子落不下大腿，不亞如父子一般，誰不知道呢？」郭安道：「既如此，我這一宗事也不瞞你。你若能幫著我辦成了，我便另眼看待於你。咱們就認為義父子，你心下如何呢？」何太監聽了，暗忖道：「我若不應允，必與他人商議。那時，不但我不能知道，反叫他記了我的仇了。」便連忙跪下道：「你老人家若不憎嫌，兒子與爹爹磕頭。」郭安見他如此，真是樂得了不得，連忙扶起來道：

「好孩子,真令人可疼!往後必要提拔於你。只是此事須要嚴密,千萬不可洩漏。」何太監道:「那是自然,何用你老人家囑咐呢。但不知用兒子做什麼?」郭安道:「我有個漫毒散的方子,也是當初老太爺在日,與尤奶奶商議的,沒有用著。我卻記下這個方子。此乃最忌的是人參。若吃此藥,誤用人參,猶如火上澆油,不出七天,必要命盡無常。這都是『八反』裡頭的。如今將此藥放在酒裡,請他來吃。他若吃了,回去再一喝人參酒,毒氣相攻,雖然不能七日身亡,大約他有年紀的人了,也就不能多延時日。又不露痕跡。你說好不好?」何太監說:「此事卻用兒子做什麼呢?」郭安道:「你小人家又不明白了。你想想,跟都堂的那一個不是鬼靈精兒似的。若請他吃酒,用兩壺斟酒,將來有個好歹,他們必疑惑是酒裡有了毒了。那還了得麼。如今只用一把壺斟酒。這可就用著你了。」何太監道:「一個壺裡怎麼能裝兩樣酒呢?這可悶殺人呢。」郭安道:「原是呀,為什麼必得用你呢?你進屋裡去,在博古閣子上,把那把洋鏨填金的銀酒壺拿來。」

何常喜果然拿來。在燈下一看,見此壺比平常酒壺略粗些,底兒上卻有兩個窟窿。打開蓋一瞧,見裡面中間卻有一層隔膜圓桶兒。看了半天,卻不明白。郭安道:「你瞧不明白,我告訴你罷。這是人家送我的頑意兒。若要灌人的酒,叫他醉了,就用著這個了。此壺名叫轉心壺。待我試給你看。」將方纔喝

的茶還有半碗，揭開蓋灌入左邊。又叫常喜舀了半碗涼水，順著右邊灌入，將蓋蓋好。遞與何常喜，叫他斟。常喜接過，斟了半天也斟不出來。郭安哈哈大笑道：「傻孩子，你拿來罷。別嘔我了，待我斟給你看。」常喜遞過壺去，郭安接來道：「我先斟一杯水。」將壺一低，果然斟出水來。又道：「我再斟一杯茶。」將壺一低，果然斟出茶來。常喜看了納悶，道：「這是什麼緣故呢？好老爺子，你老細細告訴孩兒罷。」郭安笑道：「你執著壺把，用手托住壺底。要斟左邊，你將右邊窟窿堵住，要斟右邊，將左邊窟窿堵住，再沒有斟不出來的。千萬要記明白了。你可知道了？」何太監道：「話雖如此說，難道這壺嘴兒他也不過味麼？」郭安道：「燈下難瞧。你明日細細看來，這壺嘴裡面也是有隔膜的，不過燈下斟酒，再也看不出來的。不然，如何人家不能犯疑呢？一個壺裡吃酒還有兩樣麼？哪裡知道真是兩樣呢。這也是能人巧制，想出這蹊蹺法子來。且不要說這些。我就寫個帖兒，你此時就請去。明日是十五，約他在此賞月。他若果來，你可抱定酒壺，千萬記了左右窟窿，好歹別斟錯了，那可不是頑的！」何常喜答應，拿了帖子，便奔都堂這邊來了。

剛過太湖石畔，只見柳蔭中驀然出來一人，手中鋼刀一晃，光華奪目。又聽那人說道：「你要嚷就是一刀！」何常喜嚇得哆嗦做一團。那人悄悄道：「俺將你捆縛好了，放在太湖石畔

柳樹之下，若明日將你交到三法司或開封府，你可要直言申訴。倘若隱瞞，我明晚割你的首級！」何太監連連答應，束手就縛。那人一提，將他放在太湖石畔柳蔭之下。又叫他張口，填了一塊棉絮。執著明晃晃的刀，竟奔郭安屋中而來。

這裡郭安呆等小太監何常喜，忽聽腳步聲響，以為是他回來，便問道：「你回來了麼？」外面答道：「俺來也。」郭安一抬頭，見一人持利刃，只嚇得嚷了一聲：「有賊！」誰知頭已落地。外面巡更太監忽聽嚷了一聲，不見動靜，趕來一看，但見郭安已然被人殺死在地。這一驚非同小可，急去回稟了執事太監，不敢耽延，回稟都堂陳公公，立刻派人查驗。又在各處搜尋，於柳蔭之下救了何常喜，鬆了綁背，掏出棉絮，容他喘息。問他，他卻不敢說，止於說：「捆我的那個人曾說來，叫我到三法司或開封府方敢直言實說，若說錯了，他明晚還要取我的首級呢。」眾人見他說的話內有因，也不敢追問，便先回稟了都堂。都堂添派人好生看守，待明早啟奏便了。

次日五鼓，天子尚未臨朝，陳公公進內請了安，便將萬代壽山總管郭安不知被何人殺死，並將小太監何常喜被縛一切言語，俱備奏明。仁宗聞奏，不由地詫異道：「朕之內苑，如何敢有動手行兇之人？此人膽量也就不小呢。」就將何常喜交開封府審訊。陳公公領旨，才待轉身，天子又道：「今乃望日，

114

朕要到忠烈祠拈香，老伴伴隨朕一往。」陳林領旨出來，先傳了將何常喜交開封府的旨意，然後又傳聖上到忠烈祠拈香的旨意。

掌管忠烈祠太監知道，聖上每逢朔望必來拈香，早已預備。聖上排駕到忠烈祠，只見桿上黃幡飄蕩，兩邊鼓響鐘鳴。

聖上來至內殿，陳伴伴緊緊跟隨。正面塑著忠烈寇承御之象，仍是宮妝打扮，卻是站像。兩邊也塑著隨侍四個配像。天子朝上默祝拈香，雖不下拜，那一番恭敬也就至誠的很呢。拈香已畢，仰觀金像。惟有陳公公在旁，見塑像面貌如生，不覺的滴下淚來。又不敢哭，連忙拭去。誰知聖上早已看見，便不肯正視，反仰面瞧了瞧佛門寶幡。猛回頭，見西山牆山花之內字跡淋漓，心中暗道：「此處卻有何人寫字？」不覺移步近前仰視。老伴伴見聖上仰面看視，心中也自狐疑：「此字是何人寫的呢？」幸喜字體極大，看得真切，卻是一首五言絕句詩。寫的是：

忠烈保君王，哀哉杖下亡。
芳名垂不朽，博得一爐香。

詞語雖然粗俗，筆氣極其縱橫，而且言簡意深，包括不遺。

115

聖上便問道：「此詩何人所寫？」陳林道：「奴婢不知。待奴
婢問來。」轉身將管祠的太監喚來，問此詩的來由。這人聽了，
只嚇得驚疑不止，跪奏道：「奴婢等知道今日十五，聖上必要
親臨。昨日帶領多人細細撣掃，拂去浮塵，各處留神，並未見
有此詩句。如何一夜之間竟有人擅敢題詩呢？奴婢實系不知。」
仁宗猛然省悟道：「老伴伴，你也不必問了。朕卻明白此事。
你看題詩之處，非有出奇的本領之人，再也不能題寫；郭安之
死，非有出奇的本領之人，再也不能殺死。據朕想來，題詩的
即是殺人的，殺人的就是題詩的。且將宰相包卿宣來見朕。」

　　不多時，包公來到，參見了聖駕。天子便將題詩殺命的原
由說了一番。包公聽了，正是白玉堂鬧了開封之後，這些日子
並無動靜，不想他卻來在禁院來了，不好明言，只得啟奏：
「待臣慢慢訪查。」卻又踏看了一番，並無形跡，便護從聖駕
還宮，然後急急乘轎回衙。立刻升堂，將何常喜審問。何太監
便將郭安定計如何要謀害陳林，現有轉心壺，還有茶水為證。
並將捆他那人如何形相、面貌、衣服，說的是何言語，一字不
敢撒謊，從實訴將出來。包公聽了，暫將何太監令人看守，便
回轉書房，請了展爺、公孫策來，大家商酌一番。二人也說：
「此事必是白玉堂所為無疑，需要細細訪拿才好。」二人別了
包公，來到官廳，又與四義士一同聚議。

次日，包公入朝，將審何常喜的情由奏明。天子聞聽，更覺歡喜，稱讚道：「此人雖是暗昧，他卻秉公除奸，行俠作義，卻也是個好人。卿家必須細細訪查，不拘時日，務要將此人拿住，朕要親覽。」包公領旨，到了開封，又傳與眾人。誰不要建立此功？從此後，處處留神，人人小心，再也毫無影響。

不料愣爺趙虎，他又想起當初扮花子訪得一案，實在的興頭。

如今何不照舊再走一遭呢？因此叫小子又備了行頭。此次卻不隱藏，改扮停當，他就從開封府角門內大搖大擺的出來，招得眾人無不嘲笑。他卻鼓著腮幫子，當正經事辦，以為是查訪，不可褻瀆。其中就有好性兒的跟著他，三三兩兩在背後指指戳戳。後來這三兩個人見跟的人多了，他們卻煞住腳步，別人卻跟著不離左右。趙虎一想：「可恨這些人沒有開過眼，連一個討飯的也沒看見過。真是可厭得很咧！」要知端底，且聽下回分解。

# 第四十二回　以假為真誤拿要犯　將差就錯巧訊贓金

且說趙虎扮做花子，見跟的人多了，一時性發，他便拽開大步，飛也似地跑了二三里之遙。看了看左右無人，方將腳步放緩了，往前慢走。誰知方才眾人圍繞著，自己以為得意，卻不理會，及至剩了一人，他把一團高興也過去了，就覺著一陣陣的風涼。先前還掙扎的住，後來便哈著腰兒，漸漸護住胸脯。

沒奈何，又雙手抱了肩頭往前顛跑。偏偏的日色西斜，金風透體，哪裡還攔得住呢。兩隻眼睛好似鯬雞，東瞧西望。見那壁廂有一破廟，山門倒壞，殿宇坍塌，東西山牆孤立，便奔到山牆之下，蹲下身體，以避北風。自己未免後悔，不該穿著這樣單寒行頭，理應穿一件破爛的棉衣才是。凡事不可粗心。

正在思想，只見那邊來了一人，衣衫襤褸，與自己相同，卻夾著一捆乾草，竟奔到大柳樹之下，揚手將草擲在裡面。卻見他扳住柳枝，將身一縱，鑽在樹窟窿裡面去了。趙虎此時見那人，覺得比自己暖和多了，恨不得也鑽在裡面暖和暖和才好。

　　暗暗想道：「往往到了飽暖之時，便忘卻了饑寒之苦。似我趙虎，每日在開封府飽食暖衣，何等快樂。今日為私訪而來，遭此秋風，便覺得寒冷至甚。見他鑽入樹窟，又有乾草鋪墊，似這等看來，他那人就比我這六品校尉強多了。」心裡如此想，身上更覺得打噤兒。

　　忽見那邊又來一人，也是襤破不堪，卻也抱著一捆乾草，也奔了這棵枯柳而來。到了跟前，不容分說，將草往裡一拋。

　　只聽裡面人「啊呀」道：「這是怎麼了？」探出頭來一看，道：「你要留點神啊，為何鬧了我一頭乾草呢？」外邊那人道：「老兄恕我不知。敢則是你早來了。沒奈何，勻便勻便，咱二人將就在一處，又暖和又不寂寞。我還有話和你說呢。」說著話，將樹枝扳住，身子一縱，也鑽入樹窟之內。只聽先前那人道：「我一人正好安眠，偏偏的你又來了，說不得只好打坐便了。」又聽後來那人道：「大廈千間，不過身眠七尺。咱二人雖則窮苦，現有乾草鋪墊，又溫又暖，也算罷了。此時管保就有不如你我的。」

　　趙虎聽了，暗道：「好小子！這是說我呢。我何不也鑽進去，做個不速之客呢？」剛然走到樹下，又聽那人道：「就以開封府說吧，堂堂的首相，他竟會一夜一夜大瞪著眼睛，不能

安睡。難道他老人家還短了暖床熱被麼？只因國事操心，日夜
煩勞，把個大人愁得沒有困了。」趙虎聽了，暗暗點頭。又聽
這個問道：「相爺為什麼睡不著呢？」那人又道：「怎麼，你
不知道麼？只因新近宮內不知什麼人在忠烈祠題詩，又在萬壽
山殺命，奉旨將此事交到開封府查問細訪。你說這個無影無形
的事情，往哪裡查去？」忽聽這個道：「此事我雖知道，我可
沒那麼大膽子上開封府。我怕惹亂子，不是頑的。」那人道：
「這怕什麼呢？你還丟什麼嗎？你告訴我，我幫著你好不好？」
這人道：「既是如此，我告訴你。前日，咱們鼓樓大街路北，
那不是吉升店麼？來了一個人，年紀不大，好俊樣兒，手下帶
著從人，騎著大馬，將那麼一個大店滿佔了。說要等他們夥伴，
聲勢很闊。因此我暗暗打聽，止於聽說，此人姓孫，他與宮中
有什麼拉攏，這不是這件事麼？」趙虎聽見，不由地滿心歡喜，
把冷付於九霄雲外，一口氣便跑回開封府，立刻找了包興回稟
相爺，如此如此。

　　包公聽了，不能不信，只得多派差役，跟隨趙虎，又派馬
漢、張龍一同前往，竟奔吉升店門。將差役安放妥當，然後叫
開店門。店裡不知為著何事，連忙開門。只見愣爺趙虎當先，
便問道：「你這店內可有姓孫的麼？」小二含笑道：「正是前
日來的。」四爺道：「在哪裡？」小二道：「現在上房居住，
業已安歇了。」愣爺道：「我們乃開封府，奉相爺鈞諭，前來

拿人。逃走了，惟你是問！」店小二聽罷，忙了手腳。愣爺便喚差役人等，叫小二來將上房門口堵住。叫小二叫喚，說有同事人找呢。只聽裡面應道：「想是夥計趕到了，快請。」只見跟從之人開了隔扇，趙虎當先來到屋內。從人見不是來頭，往旁邊一閃。愣爺卻將軟簾向上一掀，只見那人剛才下地，衣服尚在掩著。趙爺急上前一把抓住，說道：「好賊呀！你的事犯了！」只聽那人道：「足下何人？放手有話好說。」趙虎道：「我若放手，你不跑了麼？實對你說，我們乃開封府來的。」

那人聽了「開封府」三字，便知此事不妥。趙爺道：「奉相爺鈞諭，特來拿你。若不訪查明白，敢拿人麼？有什麼話，你只好上堂說去。」說罷將那人往外一拉，喝聲：「捆了！」又吩咐各處搜尋，卻無別物。惟查包袱內有書信一包，趙爺卻不認得字，將書信撂在一邊。

此時，馬漢、張龍知道趙爺成功，連忙進來。正見趙爺將書信撂在一邊，張龍忙拿起燈來一看，上寫「內信二封」，中間寫「平安家報」，後面有年月日，「鳳陽府署密封」張爺看了，就知此事有些舛錯，當著大伙不好明言，暗將書信揣起，押著此人且回衙門再作道理。店家也不知何故，難免提心吊膽。

單言眾人來到開封府，急速稟了相爺。相爺立刻升堂。趙

虎當堂交差，當面去縛。張龍卻將書信呈上。包公看了，便知
此事錯了，只得問道：「你叫何名？因何來京？講！」左右連
聲催喝。那人磕頭在地有聲。他卻早已知道開封府非別的衙門
可比，戰兢兢回道：「小人乃……乃鳳陽府太守孫……孫珍的
家人，名喚松……松福，奉了我們老爺之命，押解壽禮給龐太
師上壽。」包公道：「什麼壽禮？現在哪裡？」松福道：「是
八盆松景。小人有個同伴之人，名喚松壽，是他押著壽禮，尚
在路上，還沒到呢。小人是前站，故此在吉升店住著等候。」
包公聽了，已知此事錯拿無疑。只是如何開放呢？此時，趙爺
聽了松福之言，好生難受。


　　忽見包公將書皮往復看了，便問道：「你家壽禮內，你們
老爺可有什麼夾帶？從實訴上來。」只此一問，把個松福嚇的
抖衣而戰，形色倉皇。包公是何等樣人，見他如此光景，把驚
堂木一拍道：「好狗才！你還不快說麼？」松福連連叩頭道：
「相爺不必動怒，小人實說，實說。」心中暗想道：「好厲害！
怨得人說開封府的官司難打，果不虛傳。怪道方才拿我時說我
事犯了，『若不訪查明白，如何敢拿人呢』？這些話明是知道，
我如何隱瞞呢？不如實說了，省得皮肉受苦。」便道：「實係
八盆松景內暗藏著萬兩黃金。惟恐路上被人識破，故此埋在花
盆之內。不想相爺神目如電，早已明察秋毫。小人再不敢隱瞞。
不信老爺看書信便知。」包公便道：「這裡面書信二封，是給

何人的？」松福道：「一封是小人的老爺給小人的太老爺的，一封是給龐太師的。我們老爺原是龐太師的外孫子。」包公聽了點頭，叫將松福帶下去，好生看守。你道包公如何知道有夾帶呢？只因書皮上有「密封」二字，必有怕人知覺之事，故此揣度必有夾帶。這便是才略過人，心思活潑之處。包公回轉書房，便叫公孫先生急繕奏摺，連書信一併封入。

次日，進朝奏明聖上。天子因是包公參奏之摺，不便交開封審訊，只得著大理寺文彥博訊問。包公便將原供並松福俱交大理寺。文彥博過了一堂，口供相符，便派差役人等前去，要截鳳陽太守的禮物，不准落於別人之手。立刻抬至當堂，將八盆松景從板箱抬出一看，卻是用松針紮成的「福如東海壽比南山」八個大字，卻也做得新奇。此時也顧不得松景，先將「福」字拔出一看，裡面並無黃金，卻是空的。隨即逐字看去，俱是空的，並無黃金。惟獨「山」字盆內有一個象牙牌子，上面卻有字跡，一面寫著「無義之財」，一面寫著「有意查收」。文大人看了，便知此事詭異，即將松壽帶上堂來，問他路上卻遇何人？松壽稟道：「路上曾遇四個人，帶著五六個伴當，說是開封府六品校尉王、馬、張、趙。我們一處住宿，彼此投機。同桌吃飯飲酒，不知怎麼沉醉，人事不知，竟被這些人將金子盜去。」文大人問明此事，連牙牌子回奏聖上。仁宗天子又問包公。包公回奏：「四勇士天天隨朝，並未遠去。不知是何人

託言詭計。」聖上又將此事交包公訪查，並傳旨內閣發抄，說：
「鳳陽府知府孫珍年幼無知，不稱斯職，著立刻解職來京。松
福、松壽即行釋放，著無庸議。」龐太師與他女婿孫榮知道此
事，不能不遞摺請罪。聖上一概寬免。惟獨包公又添上一宗為
難事，暗暗訪查，一時如何能得。就是趙虎聽了旁言誤拿了人，
雖不是此案，幸喜究出贓金，也可以減去老龐的威勢。

誰知龐吉果因此事一煩，到了生辰之日不肯見客，獨自躲
在花園先月樓中去了。所有客來，全托了他女婿孫榮照料。自
己在園中也不觀花，也不玩景，惟有思前想後，唉聲嘆氣。暗
暗道：「這包黑真是我的對頭。好好一樁事，如今鬧得黃金失
去，還帶累外孫解職。真也難為他，如何訪查得來呢？實實令
人氣他不過！」正在暗恨，忽見小童上樓稟道：「二位姨奶奶
特來與太師爺上壽。」老賊聞聽，不由地滿面堆下笑來，問道：
「在哪裡？」小童道：「小人方才在樓下看見，剛過蓮花浦的
小橋。」龐賊道：「既如此，她們來時就叫她們上樓來罷。」

小童下樓，自己卻憑欄而望。果見兩個愛妾妊紫、嫣紅，
俱有丫鬟攙扶。他二人打扮得裊娜娜，整整齊齊。又搭著滿
院中花紅柳綠，更顯得百媚千嬌，把個老賊樂得姥姥家都忘了，
在樓上手舞足蹈，登時心花大放，把一天的愁悶俱散在「哈蜜
國」去了。

　　不多時，二妾來到樓上。丫鬟攙扶步上扶梯。這個說，你踩了我的裙子咧；那個說，你碰了我的花兒了。一陣「咭咭呱呱」方才上樓來，一個個嬌喘吁吁。先向太師萬福，稟道：「你老人家會樂呀！躲在這裡來了，叫我們兩個好找。讓我們歇歇再行禮罷。」老賊哈哈笑道：「你二人來了就是了，又何必行什麼禮呢？」妊紫道：「太師爺千秋，焉有不行禮的呢？」嫣紅道：「若不行禮，顯得我們來得不志誠了。」說話間，丫鬟已將紅氈鋪下。二人行禮畢，立起身來，又稟道：「今晚妾身二人在水晶樓備下酒餚，特與太師爺祝壽。務求老人家賞個臉兒，千萬不可辜負了我們一片志誠。」老賊道：「又叫你二人費心，我是必去的。」二人見太師應允必去，方才在左右坐了。彼此嬉笑戲謔，弄得個老賊醜態百出，不一而足。正在歡樂之際，忽聽小童樓下咳嗽，樓梯響動。不知小童又回何事，且聽下回分解。

# 第四十三回 翡翠瓶污羊脂玉穢 太師口臭美妾身亡

且說老賊龐吉正在先月樓與二妾歡語，只見小童手持著一個手本，上得樓來，遞與丫鬟，口中說道：「這是咱們本府十二位先生特與太師爺祝壽，並且求見，要親身覿面行禮，還有壽禮面呈。」丫鬟接來，呈與龐吉。龐吉看了，便道：「既是本府先生前來，不得不見。」對著二妾道：「你二人只好下樓迴避。」

丫鬟便告訴小童先下樓去，叫先生們躲避躲避，讓二位姨奶奶走後再進來。這裡妖紫、嫣紅立起身來，向龐吉道：「倘若你老人家不去，我們是要狠狠地咒得你老人家心神也是不定的！」老賊聽了，哈哈大笑。又叮囑一回水晶樓之約，龐賊滿口應承必要去的。看著二妾下樓去遠，方叫小童去請師爺們，自己也不出去迎，在太師椅上端然而坐。

不多時，只見小童引路來至樓下，打起簾櫳，眾位先生衣冠齊楚，鞠躬而入，外面隨進多少僕從虞侯。龐吉慢慢立起身來，執手道：「眾位先生光降，使老夫心甚不安。千萬不可行

禮，只行常禮罷。」眾先生又謙讓一番，只得彼此一揖，復又各人遞各人的壽禮：也有一畫的，也有一對的，也有一字的，也有一扇的，無非俱是秀才人情而已。老龐一一謝了。

此時僕從已將座位調開，仍是太師中間坐定，眾師爺分列兩旁。左右獻茶，彼此敘話，無非高抬龐吉，說些壽言壽語，吉祥話頭。談不多時，僕從便放杯箸，擺上果品。眾先生又要與龐吉安席敬壽酒。還是老龐攔阻道：「今日乃因老夫賤辰，有勞眾位台駕，理應老夫各敬一杯才是，莫若大家免了，也不用安席敬酒，彼此就座，開懷暢飲，倒覺爽快。」眾人道：「既是太師吩咐，晚生等便從命了。」說罷，各人朝上一躬，仍按次序入席。酒過三巡之後，未免脫帽露頂，舒手划拳，呼么喝六，壺到杯乾。

正飲在半酣之際，只見僕從抬進一個盆來，說是孫姑老爺孝敬太師爺的河豚魚，極其新鮮，並且不少。眾先生聽說是新鮮河豚，一個個口角垂涎，俱各稱讚道：「妙哉！妙哉！河豚乃魚中至味，鮮美異常。」龐太師見大家誇獎，又是自己女婿孝敬，當著眾人頗有得色，吩咐搭下去，叫廚子急速做來，按桌俱要。眾先生聽了，個個喜歡，竟有立刻杯箸不動，單等吃河豚魚的。

不多時，只見從人各端了一個大盤，先從太師桌上放起，然後左右挨次放下。龐吉便舉箸向眾人讓了一聲：「請呀。」

眾師爺答應如流，俱各道：「請！請！」只聽杯箸一陣亂響，風捲殘雲，立刻杯盤狼藉。眾人舔嘴呫舌，無不稱妙。忽聽那邊「咕咚」一聲響亮，大家看時，只見麴先生連椅兒栽倒在地，俱各詫異。又聽那邊米先生嚷道：「哇呀，了弗得，了弗得！河豚有毒，河豚有毒！這是受了毒了。大家俱要栽倒的，俱要喪命呀！這還了得！怎麼一時吾就忘了有毒呢？總是口頭饞得弗好。」旁邊便有插言的道：「如此說來，我們是沒得救星的了。」米先生猛然想起道：「還好，還好。有個方子可解，非金汁不可。如不然，人中黃亦可。若要速快，便是糞湯更妙。」

龐賊聽了，立刻叫虞侯僕從快快拿糞湯來。

一時間，下人手忙腳亂，抓頭不是尾，拿拿這個不好，動動那個不妥。還是有個虞侯有主意，叫了兩個僕從，將大案上擺的翡翠碧玉鬧龍瓶，兩邊獸面銜著金環，叫二人抬起，又從多寶閣上拿下一個淨白光亮的羊脂白玉荷葉式的碗，交付二人。

叫他們到茅廁裡即刻舀來，越多越好。二人問道：「要多

何用？」虞侯道：「你看人多吃的多，糞湯也必要多。少了是灌不過來的。」二人來到糞窖之內，摀著鼻子閉著氣，用羊脂白玉碗連屎帶尿一碗一碗舀了，往翡翠碧玉瓶裡灌。可惜這兩樣古玩落在權奸府第，也跟著遭此污穢。真也是劫數使然，無可如何。足足灌了個八分滿，二人提住金環，直奔到先月樓而來。

虞侯上前，先拿白玉碗盛了一碗，奉與太師爺。龐吉若要不喝，又恐毒發喪命；若要喝時，其臭難聞，實難下嚥。正在猶豫，只見眾先生各自動手，也有用酒杯的，也有用小菜碟的，儒雅些的卻用羹匙，就有魯莽的，扳倒瓶，嘴對嘴，緊趕一氣用了個不少。龐吉看了，不因不由端起玉碗，一連也就飲了好幾口。米先生又憐念同寅，將先倒的麵先生令人扶住，自己蹲在身旁，用羹匙也灌了幾口，以盡他疾病扶持之誼。遲了不多時，只見麵先生甦醒過來，覺得口內臭味難當，只道是自己酒醉，出而哇之，哪裡知道別人用好東西灌了他呢？米先生便問道：「麵兄怎麼樣呢？」麵先生道：「不怎的。為何我這口邊糞臭得緊咧！」米先生道：「麵兄，你是受了河豚毒了。是小弟用糞湯灌活吾兄，以盡朋友之情的。」哪知道，這位麵先生方才因有一塊河豚被人搶去吃了，自己未能到口，心內一煩惱，犯了舊病，因此栽倒在地。今聞用糞湯灌了他，爬起來道：「哇呀，怪道怪道臭得很！臭得很！我是羊角瘋嚇，為何用糞

湯灌我？」說罷嘔吐不止。他這一吐不要緊，招得眾人誰不噁心，一張口洋溢氾濫。吐不及的逆流而上，從鼻孔中也就開了閘了。登時之間，先月樓中異味撲鼻，連虞侯、伴當、僕從，無不是嗩吶、喇叭，齊吹出「兒兒哇哇哇兒」的不止。好容易吐聲漸止，這才用涼水漱口，噴得滿地汪洋。米先生不好意思，抽空兒他就溜之乎也了。鬧得眾人走又不是，坐又不是。老龐終是東人，礙不過臉去，只得吩咐：「往芍藥軒敞廳去罷？大家快快離開此地，省得聞這臭味難當。」眾人俱各來在敞廳，一時間心清目朗。又用上等雨前喝了許多，方覺得心中快活。

龐賊便吩咐擺酒，索性大家痛飲，盡醉方休。眾人誰敢不遵？

不多時，秉上燈燭，擺下酒饌，大家又喝起來，依然是划拳行令，直喝至二鼓方散。

龐賊醺醒酒醉，踏著明月，手扶小童，竟奔水晶樓而來。趔趔趄趄地問道：「天有幾鼓了？」小童道：「已交二鼓。」

龐吉道：「二位姨奶奶等急了，不知如何盼望呢。到了那裡，不要聲張，聽她們說些什麼。你看那邊為何發亮？」小童道：「前面是蓮花浦。那是月光照得水面。」說話間過了小橋，

老賊又吃驚道：「那邊好像一個人！」小童道：「太師爺忘了，那是補栽的河柳，襯著月色搖曳，彷彿人影兒一般。」誰知老龐疑心生暗鬼，竟是以邪招邪了。

及至到了水晶樓，剛到樓下，見隔扇虛掩，不用竊聽，已聞得裡面有男女的聲音，連忙止步。只聽男子說道：「難得今日有此機會，方能遂你我之意。」又聽女子說道：「趁老賊陪客，你我且到樓上歡樂片時，豈不美哉。」隱隱聽得嘻嘻笑笑上樓去了。龐吉聽至此，不由氣沖牛斗，暗叫小童將主管龐福喚來，叫他帶領虞侯準備來拿人，自己卻輕輕推開隔扇，竟奔樓梯。上得樓來，見滿桌酒餚，杯中尚有餘酒。又見燭上結成花蕊，忙忙剪了蠟花。回頭一看，見繡帳金鉤掛起，裡面卻有男女二人相抱而臥。老賊看了，一把無名火往上一攻，見壁間懸掛寶劍，立刻抽出，對準男子用力一揮，頭已落地。嫣紅睡眼朦朧，才待起來，龐賊也揮了一劍。可憐兩個獻媚之人，無故遭此摧折。誰知男子之頭落在樓板之上，將頭巾脫落，卻也是個女子。仔細看時，卻是妖紫。老賊「啊呀」了一聲，噹啷啷寶劍落地。此時，樓的下面，龐福帶領多人俱各到了。聽得樓上又是「啊呀」，又是響亮，連忙跑上樓來一看，見太師殺了二妾，已然哀不成音了。

這老賊哭得也不像。叫他這裡哭一會兒，騰出筆來說個理

兒：妊紫、嫣紅死在冤屈之中，不很冤屈；龐吉氣得糊塗之中，
卻極糊塗。何以見得呢？原來二妾因老賊不來，心中十分怨恨，
以酒殺氣，你推我讓，盼得沒有遣興的了。這妊紫與嫣紅假扮
男女，來至繡帳，將金鉤掛起，同上牙床相抱而臥。妊紫又將
龐吉的軟巾戴上，彼此戲耍，便自昏沉睡去。這便是招殺的由
頭。至於龐吉的糊塗，雖係酒後，亦不應如此冒失。你就要殺，
也該想想，方才來到樓下，剛聽見二人才上樓，如何就能夠沉
睡呢？不論情由，他便手起劍落，連傷二命，這豈不是他極其
糊塗麼？然而，千不怨萬不怨，怨只怨這個行事的人真是促狹
狠毒，又裝什麼相聲兒呢！所謂賊出飛智也。是老賊的素日行
為過於不堪，故惹得這行俠尚義之人單單的與他過不去，生生
兒將他兩個愛妾的性命斷送。

　　龐吉哭夠多時，又氣又惱又後悔，便吩咐龐福將二妾收盛
殮。立刻派人請他得意門生，乃烏台御史，官名廖天成，急速
前來商議此事。自己帶了小童，離了水晶樓，來至前邊大廳之
上，等候門生。及至廖天成來時，天已三鼓之半。見了龐吉，
師生就座。龐吉便將誤殺二妾的情由說了一遍。這廖天成原是
個謅媚之人，立刻逢迎道：「若據門生想來，多半是開封府與
老師作對。他那裡能人極多，必是悄地差人探訪。見二位姨奶
奶酒後戲耍酣眠，他便生出巧智，特裝男女聲音，使之聞之，
叫老師聽見焉有不怒之理。因此二位姨奶奶傾生。此計也就毒

得狠呢。這明是擾亂太師家宅不安，暗裡是與老師做對。」他這幾句話說的個龐賊咬牙切齒，憤恨難當，氣忿忿地問道：「似此如之奈何？怎麼想個法子以消我心頭之恨？」廖天成犯想多時，道：「依門生愚見，莫若寫個摺子，直說開封府遣人殺害二命，將包黑參倒，以警將來。不知老師鈞意若何？」

龐吉聽了道：「若能參倒包黑，老夫生平之願足矣。即求賢契大才，此處不方便，且到內書房去說罷。」師弟立起身來，小童持著燈引至書房。現成筆墨，廖天成便拈筆構思。難為他憑空立意，竟敢直陳，真是糊塗人對糊塗人，辦糊塗事。不多時，已脫草稿。老賊看了，連說：「妥當結實。就勞賢契大筆一揮。」廖天成又端端楷楷繕寫已畢，後面又將同黨之人派上五個，算是聯銜參奏。龐吉一邊吩咐小童：「快給廖老爺倒茶。」

小童領命來至茶房，用茶盆托了兩碗現烹的香茶。剛進了月亮門，只聽竹聲亂響，仔細看時，卻見一人蹲伏在地，懷抱鋼刀。這一嚇非同小可，丟了茶盤，一迭連聲嚷道：「有了賊了！」就望書房跑來，連聲兒都嚷岔了。龐賊聽了，連忙放下奏摺，趕出院內。廖天成也就跟了出來，便問小童：「賊在哪裡？」小童道：「在那邊月亮門竹林之下。」龐吉與廖天成竟奔月亮門而來。

此時，僕從人等已然聽見，即同龐福各執棍棒趕來。一看，雖是一人，卻是捆綁停當，前面腰間插著一把宰豬的尖刀，彷彿抱著相似。大家向前將他提出。再一看時，卻是本府廚子劉三。問他不應，止於仰頭張口。連忙鬆了綁縛，他便從口內掏出一塊代手來，乾嘔了半天，方才轉過氣來。

龐吉便問道：「卻是何人將你捆綁在此？」劉三對著龐吉叩頭道：「小人方才在廚房瞌睡，忽見嗖地進來一人，穿著一身青靠，年紀不過二十歲，眉清目朗，手持一把明晃晃的鋼刀。他對小人說：『你要嚷，我就是一刀！』因此小人不敢嚷。他便將小人捆了，又撕了一塊髒布，給小人填在口內，把小人一提就來在此處。臨走，他在小人胸前就把這把刀插上，不知是什麼緣故。」龐賊聽了，便問廖天成道：「你看此事，這明是水晶樓裝男女聲音之人了。」廖天成聞聽，忽然心機一動，道：「老師且回書房要緊。」老賊不知何故，只得跟了回來。進了書房，廖天成先拿起奏摺逐行逐字細細看了，筆畫並未改訛，也未沾污。看罷說道：「還好，還好。幸喜摺子未壞。」即放在黃匣之內。龐吉在旁誇獎道：「賢契細心，想的周到。」又叫各處搜查，那裡有個人影。

不多時，天已五鼓，隨便用了些點心羹湯，龐吉與廖天成

一同入朝，敬候聖上臨殿，將本呈上。仁宗一看就有些不悅。

你道為何？聖上知道包、龐二人不對，偏偏今日此本又是參包公的，未免有些不耐煩。何故他二人冤仇再不解呢？心中雖然不樂，又不能不看。見開筆寫著：「臣龐吉跪奏。為開封府遣人謀殺二命事，……」後面敘著二妾如何被殺。仁宗看到殺妾二命，更覺詫異。因此反覆翻閱，見背後忽露出個紙條兒來。

抽出看時，不知上面寫著是何言語，且聽下回分解。

# 第四十四回　花神廟英雄救難女　開封府眾義露真名

　　且說仁宗天子細看紙條，上面寫道：「可笑可笑，誤殺反誣告。胡鬧胡鬧，老龐害老包。」共十八個字。天子看了，這明是自殺反要陷害別人。又看筆跡有些熟識，猛然想起忠烈祠牆上的字體，卻與此字相同。真是聰明不過帝王，暗道：「此帖又是那人寫的了。他屢次做的俱是磊磊落落之事，又何為隱隱藏藏，再也不肯當面呢？實在令人不解。只好還是催促包卿便了。」想罷，便將摺子連紙條兒俱各擲下，交大理寺審訊。龐賊見聖上從摺內翻出個紙條兒來，已然嚇得魂不附體。聯銜之人俱各暗暗耽驚。

　　一時散朝之後，龐賊悄向廖天成道：「這紙條兒從何而來？」廖烏台猛然醒悟道：「是了是了。他捆劉三正為調出老師與門生來，他就於此時放在摺背後的。實實門生粗心之過。」龐吉聽了連連點首道：「不錯不錯。賢契不要多心。此事如何料的到呢。」及至到了大理寺，龐吉一力擔當，從實說了，惟大人婉轉復奏，大人只得將他畏罪的情形代為陳奏。聖上傳旨：「龐吉著罰俸三年，不准低銷。聯銜的罰俸一年，不准抵銷。」

136

聖上卻暗暗傳旨與包公，務必要題詩殺命之人定限嚴拿。包公奉了此旨回到開封，便與展爺、公孫先生計議。無法可施，只得連王、馬、張、趙俱各天天出去到處訪查，那裡有個影響。偏又值隆冬年近，轉瞬間又早新春。過了元宵佳節，看看到了二月光景，包公屢屢奉旨總無影響。幸虧聖眷優渥，尚未嗔怪。

一日王朝與馬漢商議道：「咱們天天出去訪查，大約無人不知。人既知道，更難探訪。莫若咱二人悄悄出城看個動靜。賢弟以為何如？」馬漢道：「出城雖好，但不知往何處去呢？」王朝道：「咱們信步行去，固然在熱鬧叢中踩訪，難道反往幽僻之處去麼？」二人說畢，脫去校尉服色，各穿便衣，離了衙門竟往城外而來。沿路上細細賞玩艷陽景色。見了多少人帶著香袋的，執著花的，不知是往哪裡去的。及至問人時，原來花神廟開廟，熱鬧非常，正是開廟正期。二人滿心歡喜，隨著眾人來至花神廟各處遊玩。卻見後面有塊空地，甚是寬闊，搭著極大的蘆棚，內中設擺著許多兵器架子。那邊單有一座客棚，裡面坐著許多人。內中有一少年公子，年紀約有三旬，橫眉立目，旁若無人。王、馬二人見了，便向人暗暗打聽。

方知此人姓嚴名奇，他乃是已故威烈侯葛登雲的外甥，極其強梁霸道，無惡不作。只因他愛眠花宿柳，自己起了個外號叫花花太歲。又恐有人欺負他，便用多金請了無數的打手，自

己也跟了些三角毛兒四門斗兒，以為天下無敵。因此廟期熱鬧非常，他在廟後便搭一蘆棚比試棒棍拳腳。誰知設了，一連幾日並無人敢上前比試，他更心高氣傲，自以為絕無對手。

二人正觀望，只見外面多少惡奴，推推擁擁攘攘架架，卻是一個女子哭哭啼啼，被眾人簇擁著，過了蘆棚進了後面敞廳去了。王、馬二人心中納悶，不知為了何事。忽又聽從外面進來一個婆子，嚷道：「你們這伙強盜，青天白日就敢搶良家女子，是何道理？你們若將他好好還我便罷，你們若要不放我這老命就和你們拼了！」眾惡奴一面攔擋一面吆喝。忽見從棚內又出來兩個惡奴說道：「方纔公子說了，這女子本是府中丫鬟私行逃走，總未尋著，並且拐了好些東西。今日既然遇見，把他拿住，還要追問拐的東西呢。你這老婆子趁早兒走罷。倘若不依公子說啦，就把你送縣。」婆子聞聽，只急得嚎啕痛哭。又被眾惡奴往外面拖拽，這婆子如何支撐得住，便腳不沾地往外去了。

王朝見此光景，便與馬漢送目。馬漢會意，即便跟下去打聽底細。二人隨後也就出來。剛走到二層殿的夾道，只見外面進來一人迎頭攔住道：「有話好說。這是什麼意思？請道其詳。」聲音洪亮，身量高大，紫巍巍一張面皮，黑漆漆滿部髭鬚，又是軍官打扮，更顯得威嚴壯健。王、馬二人見了便暗暗

喝采稱羨。忽聽惡奴說道：「朋友，這個事你別管。我勸你有事治事，無事趁早兒請，別討沒趣兒。」那軍官聽了，冷笑道：「天下人管天下事，那有管不得的道理。你們不對我說，何不對著眾人說說。你們如不肯說，何妨叫那媽媽自己說說呢。」眾惡奴聞聽道：「夥計你們聽見了。這個光景他是管定了。」

忽聽婆子道：「軍官爺爺，快救婆子性命啊！」旁邊惡奴順手就要打那婆子。只見那軍官把手一隔，惡奴倒退了好幾步，齜牙咧嘴把胳膊亂甩。王、馬二人看了，暗暗歡喜。又聽軍官道：「媽媽不必害怕，慢慢講來。」那婆子哭著道：「我姓王。這女兒乃是我街坊。因他母親病了，許在花神廟燒香。如今他母親雖然好了，尚未復元，因此求我帶了他來還願，不想竟被他們搶去。求軍官爺搭救搭救。」說罷痛哭。只見那軍官聽了，把眉一皺道：「媽媽不必啼哭。我與你尋來就是了。」

誰知眾惡奴方才見那人把手略略一隔，他們夥計就齜牙咧嘴，便知這軍官手頭兒凶。大約婆子必要說出根由，怕軍官先拿他們出氣，他們便一個個溜了。來到後面一五一十，俱告訴花花太歲。這嚴奇一聽便氣沖牛斗。以為今日若不顯顯本領，以後別人怎肯甘心佩服呢。便一聲斷喝：「引路！」眾惡奴狐假虎威，來至前面嚷道：「公子來了！公子來了！」眾人見嚴奇來到，一個個俱替那軍官擔心，以為太歲不是好惹的。

此時王、馬二人看的明白。見惡霸前來，知道必有一番較量，惟恐軍官寡不敵眾。若到為難之時，我二人助他一膀之力。那知那軍官早已看見，撇了婆子便迎將上去。眾惡奴指手劃腳道：「就是他！就是他！」嚴奇一看，不由地暗暗吃驚道：「好大身量！我別不是他的個兒罷。」便發話道：「你這人好生無禮。誰叫你多管閒事？」只見那軍官抱拳賠笑道：「非是在下多管閒事。因那婆子形色倉皇哭得可憐。惻隱之心人皆有之。望乞公子貴手高抬，開一線之恩，饒他們去罷。」說畢就是一揖。嚴奇若是有眼力的，就依了此人，從此做個相識，只怕還有個好處。誰知這惡賊惡貫已滿，難以躲避。他見軍官謙恭和藹，又是外鄉之人，以為可以欺負，竟敢拿雞蛋往鵝卵石上碰，登時把眼一翻道：「好狗才！誰許你多管？」冷不防颼地就是一腳，迎面踢來。這惡賊原想著是個暗算，趁著軍官作下揖去，不能防備，這一腳定然鼻青臉腫。哪知那軍官不慌不忙，瞧著腳臨切近，略一揚手，在腳面上一拂，口中說道：「公子休得無禮！」此話未完，只見公子「啊呀」半天掙扎不起。眾惡奴一見便嚷道：「你這廝竟敢動手！」一擁齊上，以為好漢打不過人多。誰知那人只用手往左右一分，一個個便東倒西歪，哪個還敢上前。

忽聽那邊有人喊了一聲：「閃開！俺來也！」手中木棍高

揚，就照軍官劈面打來。軍官見來得勢猛，將身往旁邊一閃，不想嚴奇剛剛的站起，恰恰的太歲頭就受了此棍，吧的一聲，打了個腦漿迸裂。眾惡奴發了一聲喊道：「了不得了，公子被軍漢打死了！快拿呀！快拿呀！」早有保甲地方並本縣官役一齊將軍漢圍住。只聽那軍官道：「眾位不必動手，俺隨你們到縣就是了。」眾人齊說道：「好朋友，好朋友！敢做敢當這才是漢子呢。」

忽見那邊走過兩個人來道：「眾位事要公平。方才原是他用棍打人，誤打在公子頭上。難道他不隨著赴縣麼？理應一同解縣才是。」眾人聞聽講得有理，就要拿那使棍之人。那人將眼一瞪道：「俺史丹不是好惹的。你們誰敢前來？」眾人嚇得往後倒退。只見兩個人之中有一人道：「你慢說是史丹，就是屎蛋，也要推你一推。」說時遲那時快，順手一掠將那棍也就逼住，攏過來往懷裡一帶，又向外一推，真成了屎蛋咧，嘰哩咕嚕滾在一邊。那人上前按住，對保甲道：「將他鎖了！」

你道這二人是誰？原來是王朝、馬漢。又聽軍漢說道：「俺遭逢此事所為何來？原為救那女子，如今為人不能為徹，這便如何是好？」王、馬二人聽了滿口應承：「此事全在我二人身上。朋友你只管放心。」軍漢道：「既如此，就仰仗二位了。」說罷執手隨眾人赴縣去了。

　　這裡王、馬二人帶領婆子到後面。此時眾惡奴見公子已死，也就一哄而散，誰也不敢出頭。王、馬二人一直進了敝廳，將女子領出，交付婆子護送出廟。問明了住處姓名，恐有提問質對之事，方叫他們去了。二人不辭辛苦，即奔祥符縣而來。到了縣裡說明姓名。門上急忙回稟了，縣官立刻請二位到書房坐了。王、馬二人將始末情由說了一遍：「此事皆係我二人目睹，貴縣不必過堂，立刻解往開封府便了。」正說間，外面拿進個略節來卻是此案的名姓。死的名嚴奇，軍漢名張大，持棍的名史丹。縣官將略節遞與王、馬二人，便吩咐將一干人犯多派衙役，立刻解往開封。

　　王、馬二人先到了開封府見了展爺、公孫先生便將此事說明。公孫策尚未開言，展爺忙問道：「這軍官是何形色？」

　　王、馬二人將臉盤兒、身體兒說了一番。展爺聽了大喜道：「如此說來別是他罷？」對著公孫先生伸出大指。公孫策道：「既如此，少時此案解來，先在外班房等候，悄悄叫展兄看看。若要不是那人也就罷了，倘若是那人冒名，展兄不妨直呼其名，使他不好改口。」眾人聽了俱各稱善。

　　王、馬二人又找了包興，來到書房回稟了包公，深贊張大

的品貌行事豪俠。包公聽了，雖不是寄柬留刀之人，或者由這人身上也可以追出那人的下落，心中也自暗暗忖度。王、馬又將公孫策先生叫南俠偷看也回明瞭。包公點了點頭二人出來。

不多時，此案解到，俱在外班房等候。王、馬二人先換了衣服前往班房。見放著簾子。隨後展爺已到，便掀起簾縫一瞧，不由地滿心歡喜，對著王、馬二人悄悄道：「果然是他。妙極妙極！」王、馬二人連忙問道：「此人是誰？」展爺道：「賢弟休問。等我進去呼出名姓，二位便知。二位賢弟即隨我進來，劣兄給你們彼此一引見，他也不能改口了。」王、馬二人領命。

展爺一掀簾子，進來道：「小弟打量是誰？原來是盧方兄到了。久違啦久違！」說著王、馬二人進來。展爺給引見道：「二位賢弟不認得麼？這位便是陷空島盧家莊號稱鑽天鼠名盧方的盧大員外。二位賢弟快來見禮。」王、馬急速上前。

展爺又向盧方道：「盧兄，這便是開封府四義士之中的王朝、馬漢兩位老弟。」三個人彼此執手作揖。盧方到了此時，也不能說我是張大不是姓盧的。人家連家鄉住處俱各說明，還隱瞞什麼呢？盧方反倒問展爺道：「足下何人？為何知道盧方的賤名？」展爺道：「小弟名喚展昭。曾在茉花村蘆花蕩為鄧彪之事小弟見過尊兄。終日渴想至甚，不想今日幸會。」盧方

聽了，方才知道是南俠便是號「御貓」的。他見展爺人品氣度和藹之甚，毫無自滿之意，便想起五弟任意胡為，全是自尋苦惱，不覺暗暗感嘆。面上卻陪著笑道：「原來是展老爺。就是這二位老爺，方才在廟上多承垂青看顧，我盧方感之不盡。」

二人聽了，不覺哈哈大笑道：「盧兄太外道了，何得以老爺相呼？顯見得我等不堪為弟了。」盧方道：「三位老爺太言重了。一來三位現居皇家護衛之職，二來盧方刻下乃人命重犯，何敢以弟兄相稱？豈不是太不知自量了麼！」展爺道：「盧兄過於能言了。」王、馬二人道：「此處不是講話的所在，請盧兄到後面一敘。」盧方道：「犯人尚未過堂，如何敢蒙如此厚待，斷難從命。」展爺道：「盧兄放心，全在小弟等身上。請到後面，還有眾人等著要與老兄會面。」盧方不能推辭，只得隨著三人來到後面公廳。早見張、趙、公孫三位降階而迎。展爺便一一引見，歡若平生。

來到屋內，大家讓盧方上座。盧方斷斷不肯，總以犯人自居：「理當侍立，能夠不罰跪，足見高情。」大家哪裡肯依。

還是愣爺趙虎道：「彼此見了，放著話不說，且自鬧這些個虛套子。盧大哥你是遠來你就上面坐。」說著把盧方拉至首座。盧方見此光景，只得從權坐下。王朝道：「還是四弟爽快。

再者盧兄從此什麼犯人咧、老爺咧也要免免才好，省得鬧的人怪肉麻的。」盧方道：「既是眾位兄台抬愛，拿我盧某當個人看待，我盧方便從命了。」左右伴當獻茶已畢，還是盧方先提起花神廟之事。王、馬二人道：「我等俱在相爺台前回明。小弟二人便是證見。凡事有理，斷不能難為我兄。」只見公孫先生和展爺彼此告過失陪，出了公所往書房去了。未知相爺如何，且聽下回分解。

# 第四十五回　義釋盧方史丹抵命　誤傷馬漢徐慶被擒

且說公孫先生同展爺去不多時，轉來道：「相爺此時已升二堂，特請盧兄一見。」盧方聞聽，只打量要過堂了，連忙立起身來道：「盧方乃人命要犯，如何這樣見得相爺？盧方豈是不知規矩的麼？」展爺連聲道：「好」一回頭吩咐伴當，快看刑具。眾人無不點頭稱羨。少時刑具拿到，連忙與盧方上好。大家圍隨，來至二堂以下。

王朝進內稟道：「盧方帶到。」忽聽包公說道：「請。」

這一聲連盧方都聽見了，自己登時反倒不得主意了。隨著王朝來至公堂，雙膝跪倒，匍匐在地。忽聽包公一聲斷喝道：「本閣著你去請盧義士，如何用刑具拿到，是何道理？還不快快卸去！」左右連忙上前卸去刑具。包公道：「盧義士有話起來慢慢講。」盧方哪裡敢起來，連頭也不敢抬，便道：「罪民盧方，身犯人命重案，望乞相爺從公判斷，感恩不盡。」包公道：「盧義士休如此迂直。花神廟之事本閣盡知。你乃行俠尚義，濟弱扶傾。就是嚴奇喪命自有史丹對抵，與你什麼相干？

他等強惡助紂為虐，冤冤相報暗有循環。本閣已有辦法，即將史丹定了誤傷的罪名完結此案。盧義士理應釋放無事，只管起來。本閣還有話講。」展爺向前悄悄道：「盧兄休要辜負相爺一片愛慕之心，快些起來，莫要違悖鈞諭。」那盧方到了此時，概不由己，朝上叩頭。展爺順手將他扶起，包公又吩咐看座。盧方哪裡敢坐，鞠躬侍立。偷眼向上觀瞧，見包公端然正坐，不怒而威那一派的嚴肅正氣，實令人可畏而可敬，心中暗暗誇獎。

忽見包公含笑問道：「盧義士因何來京？請道其詳。」一句話問得個盧方紫面上套著紫半晌答道：「罪民因尋盟弟白玉堂故此來京。」包公又道：「是義士一人前來還有別人？」盧方道：「上年初冬之時罪民已遣韓彰、徐慶、蔣平三個盟弟一同來京。不料自去冬至今杳無音信。罪民因不放心故此親身來尋。今日方到花神廟。」包公聽盧方直言無隱便知此人忠厚篤實遂道：「原來眾義士俱各來了。義士既以實言相告本閣也就不隱瞞了。令弟五義士在京中做了幾件出類拔萃之事連聖上俱各知道。並且聖上還誇獎他是個俠義之人欽派本閣細細訪查。如今義士既已來京肯替本閣代為細細訪查麼？」盧方聽至此連忙跪倒道：「白玉堂年幼無知惹下滔天大禍至干聖怒理應罪民尋找擒拿到案。任憑聖上天恩相爺的垂照。」包公見他應了便叫：「展護衛同公孫先生好生款待恕本閣不陪。留去但憑義士

不必拘束。」盧方聽了復又叩頭起來同定展爺出來。

　　到了公所之內，只見酒餚早已齊備，卻是公孫先生預先吩咐的。仍將盧方讓至上座，眾人左右相陪。飲酒之間便提此事。盧爺是個豪爽忠誠之人，應了三日之內有與無，必來覆信，酒也不肯多飲，便告別了眾人。眾人送出衙外，也無贅話煩言，彼此一執手，盧方便揚長去了。展爺等回至公所，又議論盧方一番，為人忠厚、老誠、豪爽。

　　公孫策道：「盧兄雖然誠實，惟恐別人卻不似他。方才聽盧方之言，說那三義已於隆冬之時來京，想來也必在暗中探訪。今日花神廟之事，人人皆知解到開封府。他們如何知道立刻就把盧兄釋放了呢？必以為人命重案，寄監收禁。他們若因此事羹夜前來淘氣，卻也不可不防。」眾人聽了，俱各稱是。「似此如之奈何？」公孫策道：「說不得大家辛苦些，出人巡邏。保護相爺要緊。」此時天已初鼓，展爺先將裡衣扎縛當，佩了寶劍，外面罩了長衣，同公孫先生竟進書房去了。這裡四勇士也就各各防備，暗藏兵刃，俱各留神小心。

　　單言盧方離了開封府之時，已將掌燈，又不知伴當避於何處，有了寓所不曾。自己雖然應了找尋白玉堂，卻又不知他落於何處。心內思索竟自無處可歸。忽見迎面來了一人，天氣昏

黑看不真切。及至臨近一看，卻是自己伴當，滿心歡喜。

　　伴當見了盧方，反倒一怔，悄悄問道：「員外如何能夠回來？小人已知員外解到開封，故此急急進京城內找了下處，安放了行李，帶上銀兩，特要到開封府去與員外安置。不想員外竟會回來了。」盧方道：「一言難盡。且到下處再講。」伴當道：「小人還有一事也要告稟員外呢。」說著話，伴當在前引路，主僕二人來到下處。盧方撣塵淨面之時，酒飯已然齊備。盧方入座，一邊飲油，一邊對伴當悄悄說道：「開封府遇見南俠給我引見了多少朋友，真是人人義氣，個個豪傑。多虧了他們在相爺跟前竭力分辯，全推在那姓史的身上，我是一點事兒沒有。」又言：「包公相待甚好，義士長，義士短的稱呼，賜座說話。我便偷眼觀瞧相爺，真好品貌，真好氣度，實在是國家的棟樑，萬民之福！後來問話之間就提起五員外來了。相爺覿面吩咐，托我找尋。我焉有不應的呢？後來大家又在公所之內設了酒餚，眾朋友方說出五員外許多的事來。敢則他做的事不少，什麼寄柬留刀、與人辨冤、夜間大鬧開封府、南俠比試。這還庶乎可以。誰知他又上皇宮內苑，題什麼詩又殺了總管太監。你說五員外胡鬧不胡鬧？並且還有奏摺內夾紙條兒，又是什麼盜取黃金，我也說不了許多了。我應了三日之內找得著，找不著必去覆信，故此我就回來了。你想哪知五員外下落？往哪裡去找呢？你方才說還有一事，是什麼事呢？」伴當道：

「若依員外說來，要找五員外卻甚容易。」盧方聽了，歡喜道：
「在哪裡呢？」伴當道：「就是小人尋找下處之時，遇見了跟
二爺的人。小人便問他眾位員外在哪裡居住。他便告訴小人說，
在龐太師花園後樓，名光樓是個堆書籍之所。同五員外都在那
裡居住呢。小人已問明了龐太師的府第卻離此不遠。出了下處
往西一片松林，高大的房子便是。」盧方聽了，滿心暢快，連
忙用畢了飯。


　　此時天氣已有初更，盧方便暗暗裝束停當，穿上夜行衣靠，
吩咐伴當看守行李，悄悄地竟奔了龐吉府的花光樓而來。到了
牆外，他便施展飛簷走壁之能上光樓。恰恰遇見白玉堂獨自一
人在那裡。見面之時，不由的長者之心，落下幾點忠厚淚來。
白玉堂卻毫不在意。盧方述說了許多思念之苦，方問道：「你
三個兄長往哪裡去了？」白玉堂道：「因聽見大哥遭了人命官
司，解往開封府，他們哥兒仨方才俱換了夜行衣服上開封府
了。」盧方聽了，大吃一驚，想道：「他們這一去必要生出事
來，豈不辜負相爺一團美意？倘若有些差池，我盧某何以見開
封眾位朋友呢？」想至此，坐立不安，好生的著急。直盼到交
了三鼓還不見回來。


　　你道韓彰、徐慶、蔣平為何去許久？只因他等來到開封府，
見內外防範甚嚴，便越牆從房上而入。剛到跨所大房之上，恰

好包興由茶房而來，猛一抬頭見有人影，不覺失聲道：「房上有人！」對面便是書房。展爺早已聽見，脫去長衣，拔出寶劍，一伏身斜刺裡一個健步，往房上一望，見一人已到簷前。

展爺看得真切，從囊中一伸手掏出袖箭，反背就是一箭。只見那人站不穩，身體一歪，掉下房來。外面王、馬、張、趙已然趕進來了。趙虎緊趕一步按住那人。張龍上前幫助綁了。展爺正要縱身上房，忽見房上一人把手一揚，向下一指。展爺見一縷寒光竟奔面門，知是暗器，把頭一低剛剛躲過。不想身後是馬漢，肩頭之下已中了弩箭。展爺一飛身已到房上，竟奔了使暗器之人。那人用了個風掃敗葉勢，一順手就是一朴刀。一片冷光奔了展爺的下三路。南俠忙用了個金雞獨立回身勢，用劍往旁邊一削，只聽噹的一聲，朴刀卻短了一截。只見那人一轉身越過房脊。又見金光一閃，卻是三稜蛾眉刺，竟奔眉攢而來。展爺將身一閃，剛用寶劍一迎，誰知鋼刺抽回，劍卻使空。南俠身體一晃，幾乎栽倒。忙一伏身，將寶劍一拄，腳下立住。用劍逼住面門長起身來。再一看時，連個人影兒也不見了。展爺只得跳下房來，進了書房，參見包公。

此時已將捆縛之人帶至屋內。包公問道：「你是何人？為何黃夜至此？」只聽那人道：「俺乃穿山鼠徐慶；特為救俺大哥盧方而來，不想中了暗器遭擒。不用多言只要叫俺見大哥一

面，俺徐慶死也甘心瞑目。」包公道：「原來三義士到了。」
即命左右鬆了綁看座。徐慶也不致謝，也不遜讓，便一屁股坐
下。將左腳一伸，順手將袖箭拔出道：「是誰的暗器，拿了
去。」展爺過來接去。徐慶道：「你這袖箭不及俺二哥的弩箭。
他那弩箭有毒，若是著上，藥性一發，便不省人事。」正說間，
只見王朝進來稟道：「馬漢中了弩箭，昏迷不醒。」徐慶道：
「如何？千萬不可拔出，還可以多活一日。明日這時候也就嗚
呼了。」包公聽了，連忙問道：「可有解藥沒有？」徐慶道：
「有啊。卻是俺二哥帶著，從不傳人。受了此毒，總在十二個
時辰之內用了解藥，即刻回生。若過了十二個時辰，縱有解藥
也不能好了。這是俺二哥獨得的奇方，再也不告訴人的。」包
公見他說話雖然粗魯，卻是個直爽之人，堪與趙虎稱為伯仲。
徐慶忽又問道：「俺大哥盧方在哪裡？」

　　包公便道：「昨晚已然釋放盧義士，已不在此了。」徐慶
聽了，哈哈大笑道：「怪道人稱包老爺是個好相爺，忠正為民。
如今果不虛傳。俺徐慶倒要謝謝了！」說罷噗通趴在地下就是
一個頭，招得眾人不覺要笑。徐慶起來就要找盧方去。包公見
他天真爛熳不拘禮法，只要合了心就樂，便道：「三義士，你
看外面已交四鼓。黧夜之間哪裡尋找？暫且坐下，我還有話問
你。」徐慶卻又坐下。包公便問白玉堂所做之事。愣爺徐慶一
一招承：「惟有劫黃金一事，卻是俺二哥、四弟並有柳青，假

冒王、馬、張、趙之名，用蒙汗藥酒將那群人藥倒，我們盜取了黃金。」眾人聽了，個個點頭舒指。

徐慶正在高談闊論之時，只見差役進來稟道：「盧義士在外求見。」包公聽了，急著展爺請來相見。不知盧方來此為了何事，且聽下回分解。

# 第四十六回　設謀誆藥氣走韓彰　遣興濟貧欣逢趙慶

且說盧方又到開封府求見，你道卻為何事？只因他光樓上盼到三更之後，方見韓彰、蔣平。二人見了盧方更覺詫異，忙問道：「大哥如何能在此呢？」盧方便將包相以恩相待，釋放無事的情由說了一遍。蔣平聽了對著韓、白二人道：「我說不用去，三哥務必不依。這如今鬧得倒不成事了！」盧方道：「你三哥哪裡去了？」韓彰把到了開封，彼此對壘的話說了一遍。盧方聽了，只急得搓手，半晌嘆了口氣道：「千不是萬不是，全是五弟不是。」蔣平道：「此事如何抱怨五弟呢？」盧方道：「他若不找什麼姓展的，咱們如何來到這裡？」

韓彰聽了卻不言語。蔣平道：「事已如此，也不必抱怨了。難道五弟有了英名，你我作哥哥的豈不光彩麼？只是如今依大哥怎麼樣呢？」盧方道：「再無別說，只好劣兄將五弟帶至開封府，一來懇求相爺在聖駕前保奏，二來當與南俠賠個禮兒也就沒事了。」玉堂聽了，登時氣得雙眉緊皺，二目圓睜，若非光樓上，早已怪叫、吆喝起來。便怒道：「大哥此話從何說起？小弟既來尋找南俠，便與他誓不兩立。雖不能他死我活，總要

叫他甘心拜服於我，方能出這口惡氣。若非如此小，弟至死也是不從的！」蔣平聽了，在旁讚道：「好兄弟，好志氣！真與我們陷空島爭氣！」韓彰在旁瞅了蔣平一眼，仍是不語。盧方道：「據五弟說來，你與南俠有仇麼？」玉堂道：「並無仇隙。」盧方道：「既無仇隙，你為何恨他到如此地步呢？」玉堂道：「小弟也不恨他，只恨這『御貓』二字。我也不管他是有意，我也不管是聖上所賜，只是有個『御貓』，便覺五鼠減色，是必將他治倒方休。如不然大哥就求包公回奏聖上，將南俠的『御貓』二字去了或改了，小弟也就情甘認罪。」盧方道：「五弟你這不是為難劣兄麼？劣兄受包相知遇之恩，應許尋找五弟。如今既已見著，我卻回去求包公改『御貓』二字，此話劣兄如何說得出口來？」玉堂聽了冷笑道：「哦！敢則大哥受了包公知遇之恩。既如此，就該拿了小弟去請功候賞啊！」

只這一句話，把個仁義的盧方氣得默默無言，站起身來出光樓，躍身下去便在後面大牆以外走來走去。暗道：「我盧方交結了四個兄弟，不想為此事，五弟竟如此與我翻臉。他還把我這長兄放在心裡麼？」又轉想包公相待的那一番情義，自己對眾人說的話，更覺心中難受。左思右想，心亂如麻。一時間濁氣上攻，自己把腳一跺道：「噯！莫若死了，由著五弟鬧去，也省得我提心吊膽。」想罷一抬頭，只見那邊從牆上斜插一枝杈丫，甚是老干，自己暗暗點頭道：「不想我盧方竟自結果在

此地了。」說罷，從腰間解下絲絛往上一扔，搭在樹上，將兩頭比齊，剛要結扣，只見這絲絛哧哧哧自己跑到樹上去了。盧方怪道：「可見時衰鬼弄人了。怎麼絲絛也會活了呢？」正自思忖，忽見順著枝幹下來一人，卻是蔣四爺，說道：「五弟糊塗了，怎麼大哥也反悔了呢？」盧方見了蔣平，不覺滴下淚來道：「四弟你看，適才五弟是何言語？叫劣兄有何面目生於天地之間？」蔣平道：「五弟此時一味的心高氣傲難以治服。不然小弟如何肯隨和他呢。需要另設別法，折服於他便了。」盧方道：「此時你我往何方去好呢？」蔣平道：「趕著上開封府。就算大哥方才聽見我等到了，故此急急前來賠罪。再者也打聽打聽三哥的下落。」盧方聽了，只得接過絲絛，將腰束好，一同竟奔開封府而來。

見了差役說明來歷。差役去不多時，便見南俠迎了出來。

彼此相見，又與蔣平引見。隨即來到書房。剛一進門，見包公穿著便服在上面端坐，連忙雙膝跪倒，口中說道：「盧方罪該萬死，望乞恩相赦宥。」蔣平也就跪在一旁。徐慶正在那裡坐著，見盧方與蔣平跪倒，他便順著座兒一溜也就跪下了。

包公見他們這番光景，真是豪俠義氣，連忙說道：「盧義士他等前來，原不知本閣已將義士釋放，故此為義氣而來。本

閣也不見罪。只管起來，還有話說。」盧方等聽了，只得向上叩頭立起身來。包公見蔣平骨瘦如柴，形如病夫，便問：「此是何人？」盧方一一回稟。包公方知就是善會水的蔣澤長。忙命左右看座。連展爺與公孫策俱各坐了。包公便將馬漢中了毒藥弩箭昏迷不醒的話說了一回。依盧方，就要回去向韓彰取藥。蔣平攔道：「大哥若取藥，惟恐二哥當著五弟總不肯給的；莫若小弟使個計策，將藥詑來，再將二哥激發走了，剩了五弟一人，孤掌難鳴，也就好擒了。」盧方聽說，便問計將安出。

蔣平附耳道：「如此如此，二哥焉有不走之理。」盧方聽了道：「這一來，你二哥與我豈不又分散了麼？」蔣平道：「目下雖然分別，日後自然團聚。現在外面已交五鼓，事不宜遲，且自取藥要緊。」連忙向展爺要了紙筆墨硯，提筆一揮而就。折疊了叫盧方打上花押，便回明包公，仍從房上回去，又近又快。包公應允。蔣平出了書房將身一縱，上房越脊，登時不見。眾人無不稱羨。

單說蔣爺來光樓，還聽見韓彰在那裡勸慰白玉堂。原來玉堂的餘氣還未消呢。蔣平見了二人道：「我與大哥將三哥好容易救回，不想三哥中了毒藥袖箭，大哥背負到前面樹林，再也不能走了。小弟又背他不動。只得二哥與小弟同去走走。」

韓爺聽了連忙離光樓。蔣平便問：「二哥藥在何處？」

韓彰從腰間摘下個小荷包來遞與蔣平。蔣平接過摸了摸，卻有兩丸，急忙掏出。將衣邊鈕子咬下兩個，咬去鼻兒，滴溜圓，又將方纔寫的字帖裹了裹，塞在荷包之內，仍遞與韓彰。將身形略轉了幾轉，他便抽身竟奔開封府而來。

這裡韓爺只顧奔前面樹林，以為蔣平拿了藥去先解救徐慶去了，哪裡知道他是奔了開封呢？韓二爺來到樹林，四下裡尋覓，並不見大哥、三弟，不由心下納悶。摸摸荷包，藥仍二丸未動，更覺不解。四爺也不見了，只得仍光樓來。見了白玉堂，說了此事，未免彼此狐疑。韓爺回手又摸了摸荷包道：「呀！這不像藥。」連忙叫白玉堂敲著火種，隱著光亮一看，原來是字帖兒裹著鈕子。忙將字帖兒打開觀看，卻有盧方花押，上面寫著叫韓彰絆住白玉堂，作為內應方好擒拿。

白玉堂看了，不由地懷疑道：「二哥就把小弟綁了罷，交付開封就是了。」韓爺聽了急道：「五弟休出此言。這明是你四哥恐我幫助於你，故用此反間之計。好好好，這才是結義的好弟兄呢！我韓彰也不能做內應，也不能幫扶五弟，俺就此去也！」說罷立起身來，出光樓躍身去了。

這時蔣平誆了藥，回轉開封，已有五鼓之半。連忙將藥研好一丸，灌將下去。不多時馬漢回轉過來，吐了許多毒水，心下方覺明白。大家也就放了心了。略略歇息天已大亮。

到了次日晚間，蔣平又暗暗光樓。誰知玉堂卻不在彼，不知投何方去了。盧方又到下處，叫伴當將行李搬來。從此開封府又添了陷空島的三義，幫扶著訪查此事。卻分為兩班，白日卻是王、馬、張、趙細細緝訪，夜晚卻是南俠同著三義，暗暗搜尋。

不想這一日趙虎因包公入闈，閒暇無事，想起王、馬二人在花神廟巧遇盧方，暗自想道：「我何不也出城走走呢？」

因此扮了個客人的模樣，悄悄出城信步行走。正走著，覺得腹中飢餓，便在村頭小飯館內意欲獨酌吃些點心。剛然坐下，要了酒隨意自飲。只見那邊桌上有一老頭兒，卻是外鄉形景，滿面愁容，眼淚汪汪，也不吃也不喝，只是瞅著趙爺。

趙爺見他可憐，便問道：「你這老頭兒瞅俺則甚？」那老者見問，忙立起身來道：「非是小老兒敢瞅客官。只因腹中飢餓，缺少錢鈔，見客官這裡飲酒又不好啟齒。望乞見憐。」趙虎聽了哈哈大笑道：「敢則是你餓了，這有何妨呢？你便過來，

159

俺二人同桌而食，有何不可？」那老兒聽了歡喜，未免臉上有些羞慚。及至過來，趙爺要了點心饅饅叫他吃。他卻一邊吃著一邊落淚。趙爺看了心中不悅道：「你這老頭兒好不曉事。你說餓了，俺給你吃。你又哭什麼呢？」老者道：「小老兒有心事，難以告訴客官。」趙爺道：「原來你有心事，這也罷了。我且問你，你姓什麼。」老兒道：「老兒姓趙。」趙虎道：「噯喲！原來是當家子。」老者又接著道：「小老兒姓趙名慶，乃是仁和縣的承差。只因包三公子太原進香……」趙虎聽了道：「什麼包三公子？」老者道：「便是當朝宰相包相爺的侄兒。」趙虎道：「哦哦。包三公子進香，怎麼樣？」老者道：「他故意的繞走蘇州，一來為遊山玩景，二來為勒索州縣的銀兩。」趙虎道：「竟有這等事？你講你講。」老者道：「只因路過管城縣，我家老爺派我預備酒飯，迎至公館款待。誰想三公子說鋪墊不好，預備的不佳，他要勒索程儀三百兩。我家老爺乃是一個清官，並無許多銀兩。又說小人借水行舟，希圖這三百兩銀子，將我打了二十板子。幸喜衙門上下俱是相好卻未打著。後來見了包三公子，將我吊在馬棚，這一頓馬鞭子打的卻不輕。還是應了另改公館，孝敬銀兩，方將我放出來。小老兒一時無法，因此脫逃，意欲到京尋找一個親戚。不想投親不著，只落得有家難奔，有國難投。衣服典當已盡，看看不能餬口，將來難免餓死，做定他鄉之鬼呀！」說罷痛哭。趙爺聽至此，又是心疼趙慶，又是氣恨包公子，恨不得立刻拿來出這口惡氣。因

對趙慶道：「老人家你負此沉冤，何不寫個訴呈呢？」未知趙慶如何答對，且聽下回分解。

# 第四十七回　錯遞呈權奸施毒計　巧結案公子辨奇冤

　　且說趙虎暗道：「我家相爺赤心為國，誰知他的子侄如此不法。我何不將他指引到開封府，看我們相爺如何辦理？是秉公呵，還是徇私呢？」想罷道：「你正該寫個呈子。」趙慶道：「小老兒上京投親，正為遞呈分訴。」趙虎道：「不知你想在何處去告呢？」趙慶道：「小老兒聞得大理大人那裡頗好。」趙爺道：「大人雖好，總不如開封府包太師那裡好。」趙慶道：「包太師雖好，惟恐這是他本家之人，未免要有些袒護，於事反為不美。」趙虎道：「你不知道，包太師辦事極其公道，無論親疏總要秉正除奸。若在別人手裡告了，他倒可托個人情或者官府做個人情那倒有的。你若在他本人手裡告了，他便得秉公辦理，再也不能偏向的。」趙慶聽了有理，便道：「既承指教，明日就在太師跟前告就是了。」趙虎道：「你且不要忙。如今相爺現在場內，約於十五日後你再進城攔轎呈訴。」當下叫他吃飽了，卻又在肚兜內摸出半錠銀子來道：「這還有五六天工夫呢，莫不成餓著嗎？拿去做盤費用罷。」趙慶道：「小老兒既蒙賞吃點心，如何還敢受賜銀兩？」趙虎道：「這有什麼要緊，你只管拿去。你若不要俺就惱了。」趙慶只得接過來，

千恩萬謝的去了。

　　趙虎見趙慶去後，自己又飲了幾杯才出了飯鋪，也不訪查了，便往舊路歸來。心中暗暗盤算，倒替相爺為難。此事要接了呈子，生氣是不消說了。只是如何辦法呢！自己又囑咐：「趙虎啊趙虎！你今日回開封可千萬莫露風聲。這可是要緊的啊！」他雖如此想，哪裡知道凡事不可預料。他若是將趙慶帶至開封倒不能錯。誰知他又細起心來了，這才鬧的錯大發了呢。

　　趙虎在開封府等了幾天，卻不見趙慶鳴冤，心中暗暗輾轉道：「那老兒說是必來，如何總未到呢？難道他是個誆嘴吃的？若是如此我那半錠銀子花的才冤呢！」

　　你道趙慶為何不來？只因他過了五天，這日一早起進城來，正走到鬧熱叢中忽見兩旁人一分嚷道：「閃開！閃開！太師爺來了！太師爺來了！」趙慶聽見「太師」二字便煞住腳步，等著轎子臨近，便高舉呈詞，雙膝跪倒，口中喊道：「冤枉啊，冤枉！」只見轎已打桿，有人下馬接過呈子，遞入轎內。

　　不多時，只聽轎內說道：「將這人帶至府中問去。」左右答應一聲。轎夫抬起轎來，如飛的竟奔龐府去了。

你道這轎內是誰？卻是太師龐吉。這老奸賊得了這張呈子，如珍寶一般，立刻派人請女婿孫榮與門生廖天成。及至二人來到，老賊將呈子與他等看了，只樂得手舞足蹈屁滾尿流，以為此次可將包黑參倒了。又將趙慶叫到書房，好言好語，細細地問了一番。便大家商議，繕起奏摺，預備明日呈遞。又暗暗定計，如何搜查勒索的銀兩，又如何到了臨期，使他再不能更改。洋洋得意，樂不可言。

至次日聖上臨殿。龐吉出班，將呈子謹呈御覽。聖上看了心中有些不悅，立刻宣包公上殿，便問道：「卿有幾個侄兒？」包公不知聖意，只得奏道：「臣有三個侄男。長次俱務農惟有第三個卻是生員，名叫包世榮。」聖上又問道：「你這侄男可曾見過沒有？」包公奏道：「微臣自在京供職以來並未回家。惟有臣的大侄見過，其餘二侄、三侄俱未見過。」

仁宗天子點了點頭，便叫陳伴伴將此摺遞與包卿看。包公恭敬捧過一看，連忙跪倒奏道：「臣子侄不肖，理應嚴拿，押解來京，嚴加審訊。臣有家教不嚴之罪，亦當從重究治。仰懇天恩，依律施行。」奏罷便匍匐在地。聖上見包公毫無遮飾之詞，又見他惶愧至甚，聖心反覺不安道：「卿家日夜勤勞王事，並未回家，如何能夠知道家中事體？卿且平身。俟押解來京時，朕自有道理。」包公叩頭平身歸班。聖上即傳旨意，立刻著該

府、州、縣，無論包世榮行至何方，立即押解馳驛來京。

此抄一發，如星飛電轉迅速之極。不一日便將包三公子押解來京。剛到城內，熱鬧叢中見那壁廂一騎馬飛也似跑來。相離不遠，將馬收住，滾鞍下來，便在旁邊屈膝稟道：「小人包興，奉相爺鈞諭，求眾押解老爺略留情面，容小人與公子微述一言，再不能久停。」押解的官員聽是包太師差人前來，誰也不好意思的，只得將馬勒住道：「你就是包興麼？既是相爺有命容你與公子見面就是了。但你主僕在哪裡說話呢？」那包興道：「就在這邊飯鋪罷。不過三言兩語而已。」這官員便吩咐將閒人逐開。此時看熱鬧的人山人海，誰不知包相爺的人情到了。又見這包三公子，人品卻也不俗，同定包興進鋪，自有差役暗暗跟隨。不多會便見出來。包興又見了那位老爺，屈膝跪倒道：「多承老爺厚情，容小人與公子一見。小人回去必對相爺細稟。」那官兒也只得說：「給相爺請安。」包興連聲答應，退下來，抓鬃上馬，如飛的去了。這裡押解三公子的先到兵馬司掛號，然後便到大理寺聽候綸音。誰知此時龐吉已奏明聖上，就交大理寺額外添派兵馬司、都察院三堂會審。聖上准奏。你道此賊又添此二處為何？只因兵馬司是他女婿孫榮，都察院是他門生廖天成，全是老賊心腹。惟恐文彥博審時袒護，故此添派二處。他哪裡知老大人忠正辦事，毫無徇私呢？

不多時孫榮、廖天成來到大理寺,大人相見。皆係欽命,難分主客,仍大人居了正位,孫、廖二人兩旁側坐。

喊了堂威,便將包世榮帶上堂來。便問他如何進香,如何勒索州縣銀兩。包三公子因在飯鋪聽了包興之言,說相爺已在各處托囑明白,審訊之時不必推諉,只管實說,相爺自有救公子之法,因此三公子便道:「生員奉祖母之命太原進香。聞得蘇杭名山秀水極多,莫若趁此進香就便遊玩。只因路上盤川缺少,先前原是在州縣借用,誰知後來他們俱送程儀並非有意勒索。」大人道:「既無勒索,那趙顯謨如何休致?」

包世榮道:「生員乃一介儒生,何敢妄干國政?他休致不休致,生員不得而知。想來是他才力不及罷了。」孫榮便道:「你一路逢州過縣,到底勒索了多少銀兩?」包世榮道:「隨來隨用,也記不清了。」

正問至此,只見進來一個虞侯,卻是龐太師寄了一封字兒叫面交孫姑老爺的。孫榮接來看了道:「這還了得!竟有如此之多。」大人便問道:「孫大人,卻是何事?」孫榮道:「就是此子在外勒索的數目。家岳已令人暗暗查來。」大人道:「請借一觀。」孫榮便道:「請看。」遞將過去,大人見上面有各州縣的銷耗數目,後面又見有龐吉囑託孫榮極力參奏包公

的話頭。看完了也不遞給孫榮，便籠入袖內，望著來人說道：「此係公堂之上，你如何擅敢妄傳書信，是何道理？本當按照擾亂公堂辦理，念你是太師的虞侯，權且饒恕。左右與我用棍打出去！」虞侯嚇了個心驚膽怕。左右一喊，連忙逐下堂去，大人對孫榮道：「令岳做事太率意了。此乃法堂，竟敢遣人送書，於理說不去罷？」孫榮連連稱「是」字柬兒也不敢往回要了。廖天成見孫榮理屈，他卻搭訕著問包世榮道：「方纔押解官回稟，包太師曾命人攔住馬頭要見你說話，可是有的？」包世榮道：「有的。無非告訴生員，不必推諉，總要實說，求眾位大人庇佑之意。」廖天成道：「那人他叫什麼名字？」包世榮道：「叫包興。」廖天成立刻吩咐差役，傳包興到案，暫將包世榮帶下去。

不多時包興傳到。孫榮一肚子悶氣，無處發洩，如今見了包興卻作起威來道：「好狗才！你為何擅敢攔住欽犯，傳說信息，該當何罪？講！」包興道：「小人只知伺候相爺，不離左右，何嘗攔住欽犯，又擅敢私傳信息？此事包興實實不知。」孫榮一聲斷喝道：「好狗才！還敢強辯。拉下去重打二十！」可憐包興無故遭此慘毒，二十板打得死而復生，心中想道：「我跟了相爺多年，從來沒受過這等重責。相爺審過多少案件，也從來沒有這般的亂打。今日活該我包興遇見對頭了。」早已橫了心，再不招認此事。孫榮又問道：「包興快快招上來！」

包興道：「實實沒有此事。小人一概不知。」孫榮聽了，怒上加怒，吩咐左右請大刑。只見左右將三根木往堂上一摜。包興雖是懦弱身軀，他卻是雄心豪氣，早已把死置之度外。何況這樣刑具他是看慣了的了，全然不懼，反冷笑道：「大人不必動怒。大人既說小人攔住欽犯，私傳信息，似乎也該把我家公子帶上堂來質對質對才是。」孫榮道：「那有工夫與你閒講。左右，與我夾起來！」大人在上，實實看不過聽不上，便叫左右把包世榮帶上當面對證。

包世榮上堂見了包興，看了半天道：「生員見的那人雖與他相仿，只是黑瘦些，卻不是這等白胖。」孫榮聽了，自覺著有些不妥。忽見差役稟道：「開封府差主簿公孫策，繼書當堂投遞。」大人不知何事，便叫領進來。公孫策當下投書，在一旁站立，大人當堂拆封將一看，笑容滿面對公孫策道：「他三個俱在此麼？」公孫策道：「是。現在外面。」大人道：「著他們進來。」公孫策轉身出去，大人方將與孫、廖二人看了。兩個賊登時就目瞪口呆，面目更色，竟不知如何是好。

不多時，只見公孫策領進了三個少年，俱是英俊非常，獨有第三個尤覺清秀。三個人向上打恭，大人立起身來道：「三位公子免禮。」大公子包世恩、二公子包世勳卻不言語，獨有三公子包世榮道：「家叔多多上老伯，叫晚生親至公堂與假冒

名的當堂質對。此事關係生員的聲名，故敢冒昧直陳，望乞寬宥。」不料大公子一眼看見當堂跪的那人便問道：「你不是武吉祥麼？」誰知那人見了三位公子到來，已然嚇得魂不附體，如今又聽大爺一問，不覺得抖衣而戰，哪裡還答應得出來呢，大人聽了問道：「怎麼？你認得此人麼？」大公子道：「他是弟兄兩個。他叫武吉祥，他兄弟叫武平安，原是晚生家的僕從。只因他二人不守本分，因此將他二人撐出去了。不知他為何又假冒我三弟之名前來？大人又看了看武吉祥，面貌果與三公子有些相仿，心中早已明白，便道：「二位公子請回衙署。」又向公孫策道：「主簿回去，多多上復閣台，就說我這裡即刻具本復奏，並將包興帶回，且聽綸音便了。」三位公子又向上一躬，退下堂來。公孫策扶著包興，一同回開封府去了。

且說包公自那日被龐吉參了一本始知三公子在外胡為。回到衙中，又氣又恨又慚愧。氣的是大老爺養子不教；恨的是三公子年少無知，在外闖此大禍，恨不能自己把他拿住，依法處治；所愧者，自己勵精圖治為國忘家，不想後輩子侄不能恪守家範，以致生出事來，使我在大廷之上碰頭請罪，真讓人羞死。從此後有何面目在相位忝居呢？越想越煩惱，這些日連飲食俱各減了。後來又聽得三公子解到，聖上添了三堂會審，便覺心上難安。偏偏又把包興傳去，不知為著何事。

正在侷促不安之時，忽見差役帶進一人，包公雖然認得，一時想不起來。只見那人朝上跪倒道：「小人包旺與老爺叩頭。」包公聽了，方想起果是包旺，心中暗道：「他必是為三公子之事而來。」暫且按住心頭之火問道：「你來此何事？」

包旺道：「小人奉了太老爺、太夫人、大老爺、大夫人之命帶領三位公子前來與相爺慶壽。」包公聽了，不覺詫異道：「三位公子在哪裡？」包旺道：「少刻就到。」包公便叫李才同定包旺在外立等，三位公子到了即刻領來。二人領命去了。

包公此時早已料到此事有些蹊蹺了。少時只見李才領定三位公子進來。包公一見；滿心歡喜。三位公子參見已畢，包公攙扶起來，請了父母的安好，候了兄嫂的起居。又見三人中惟有三公子相貌清奇，更覺喜愛。便叫李才帶領三位公子進內給夫人請安。包公既見了三位公子，便料定那個是假冒名的了。立刻請公孫先生來，告訴了此事，急書帶領三位公子到大理寺當面質對。

此時展爺與盧義士、四勇士俱各聽明了。惟有趙虎暗暗更加歡喜。展南俠便帶領三義四勇來到書房與相爺稱賀。包公此時把連日悶氣登時消盡。見了眾人進來，更覺歡喜暢快，便命大家坐了。就此將此事忖度了一番。然後又問了問這幾日訪查

的光景。俱各回言並無下落。還是盧方忠厚的心腸，立了個主意道：「恩相為此事甚是焦心，而且欽限又緊，莫若恩相再遇聖上追問之時，且先將盧方等三人奏知聖上，一來且安聖心，二來理當請罪。如能夠討下限來，豈不又緩一步麼？」

包公道：「盧義士說的也是，且看機會便了。」正說間，公孫策帶領三位公子回來，到了書房參見。未知

後事如何，且聽下回分解。

# 第四十八回　訪奸人假公子正法　貶佞黨真義士面君

　　且說公孫策與三位公子回來，大人之言一一稟明。大公子又將認得冒名的武吉祥也回了。惟有包興一瘸一拐，見了包公將孫榮蠻打的情節述了一遍。包公安慰了他一番，叫他且自歇息將養。眾人彼此見了三位公子，也就告別了。來至公廳，大家設席與包興壓驚。裡面卻是相爺與三位公子接風撢塵，就在後面同定夫人、三位公子敘天倫之樂。

　　單大人具了奏摺，連龐吉的書信與開封府書，俱各隨摺奏聞。天子看了，又喜又惱，喜的是包卿子侄並無此事，可見他傳家有法，不愧詩書門第，將來總可以繼紹簪纓。惱的是龐吉屢與包卿作對，總是他的理虧。如今索性與孫榮等竟成群黨，全無顧忌，這不是有意要陷害大臣麼？他真要如此，叫朕也難護庇了。便彥博原摺案卷人犯俱交開封府問訊。

　　包公接到此旨，看了案卷，升堂略問了問趙慶，將武吉祥帶上堂來，一鞫即服。又問他同事者多少人。武吉祥道：「小人有個兄弟，名叫武平安，他原假充包旺，還有兩個伴當。不

想風聲一露，他們就預先逃走了。」包公因有龐吉私書，上面有查來各處數目，不得不問。果然數目相符。又問他：「有個包興曾給你送信，卻在何處？說的是何言語？」武吉祥便將在飯鋪內說的話一一回明。包公道：「若見了此人，你可認得麼？」武吉祥道：「若見了面，自然認得。」包公叫他畫招，暫且收監。包公問道：「今日當值的是誰？」只見下面上來二人，跪稟道：「是小人江樊、黃茂。」包公看了，又添派了馬步快頭耿春、鄭平二人，吩咐道：「你四人前往龐府左右，細細訪查。如有面貌與包興相仿的，只管拿來。」四個人領命去了。包公退堂來至書房，請了公孫先生來商議具摺覆奏，並定罪名處分等事不表。

　　且言領了相諭的四人，暗暗來到龐府，分為兩路，細細訪查。及至兩下裡，四個人走個對頭，俱各搖頭。四人會意，這是沒有的緣故。彼此納悶，可往哪裡去尋呢？真事有湊巧，只見那邊來了個醉漢，旁邊有一人用手相攙，恰恰的彷彿包興。四人喜不自勝，就迎了上來。只聽那醉漢道：「老二啊！你今兒請了我了，你算包興兄弟了；你要是不請我呀，你可就是包興的兒子了。」說罷哈哈大笑。又聽那人道：「你滿嘴裡說的是些什麼？喝點酒兒混鬧。這叫人聽見是什麼意思？」說話之間，四人已來到跟前，將二人一同獲住，套上鐵鏈拉著就走。這人嚇得面目焦黃，不知何事。那醉漢還胡言亂語的講交情過

節兒。四個人也不理他。及至來到開封府，著二人看守二人回話。

包公正在書房與公孫先生商議奏摺，見江樊、耿春二人進來，便將如何拿的一一稟明。包公聽了，立刻升堂。先將醉漢帶上來問道：「你叫什麼名字？」醉漢道：「小人叫龐明，在龐府帳房裡寫帳。」包公問道：「那一個他叫什麼？」龐明道：「他叫龐光，也在龐府帳房裡。我們倆是同手兒夥計。」

包公道：「他既叫龐光，為何你又叫他包興呢？講！」龐明道：「這個⋯⋯那個⋯⋯他是什麼件事情。他⋯⋯這⋯⋯那麼⋯⋯這麼件事情呢。」包公吩咐「掌嘴！」龐明忙道：「我說我說！他原當過包興，得了十兩銀子。小人才嘔著他喝了他個酒兒。就是說兄弟咧，兒子咧，我們原本頑笑，並沒有打架拌嘴，不知為什麼就把我們拿來了。」包公吩咐將他帶下去，把龐光帶上堂來。包公看了，果然有些彷彿包興，把驚堂木一拍道：「龐光，你把假冒包興情由訴上來！」龐光道：「並無此事啊。龐明是喝醉了滿口裡胡說。」包公叫提武吉祥上堂，當面認來。武吉祥見了龐光道：「和小人在飯鋪說話的正是此人。」龐光聽了心下慌張。包公吩咐拉下去重打二十大板。打得他叫苦連天，不能不說。便將龐吉與孫榮、廖天成在書房如何定計說了：「恐包三公子不應，故此叫小人假扮包興，告訴

174

三公子只管應承，自有相爺解救。別的小人一概不知。」

　　包公叫他畫了供，同武吉祥一併寄監，俟參奏下來再行釋放。龐明無事叫他去了。

　　包公仍來至書房，將此事也敘入摺內。定了武吉祥御刑處死。「至於龐吉與孫榮、廖天成私定陰謀，攔截欽犯，傳遞私信，皆屬挾私陷害，臣不敢妄擬罪名，仰乞聖聰明示，鑿鑒施行。」此本一上，仁宗看畢，心中十分不悅。即明發上諭：「龐吉屢設奸謀，頻施毒計，挾制首相，讒害大臣，理宜貶為庶民，以懲其罪。姑念其在朝有年，身為國戚，著仍加恩賞給太師銜，賞食全俸，不准入朝從政。倘再不知自勵，暗生事端，即當從重治罪。孫榮、廖天成阿附龐吉，結成黨類，實屬不知自愛，俱著降三級調用。餘依議。欽此。」此旨一下，眾人無不稱快。包公奉旨，用狗頭鍘將武吉祥正法。龐光釋放。趙慶亦著他回去，額外賞銀十兩，立刻到管城縣，趙慶仍然在役當差。

　　此事已結，包公便慶壽辰。聖上與太后俱有賞賚。至於眾官祝賀，凡送禮者俱是璧回。眾官亦多有不敢送者，因知相爺為人忠梗無私。不必細述。

　　過了生辰，即叫三位公子回去。惟有三公子包公甚是喜愛，叫他回去稟明了祖父、祖母與他父母，仍來開封府在衙內讀書，自己與他改正就是科考亦甚就近。打發他等去後，辦下謝恩摺子，預備明日上朝呈遞。

　　次日入內遞摺請安。聖上召見，便問訪查的那人如何？包公趁機奏道：「那人雖未拿獲，現有他同夥三人自行投到。臣已訊明，他等是陷空島內盧家莊的五鼠。」聖上聽了問道：「何以謂之五鼠？」包公奏道：「是他五個人的綽號，第一是盤桅鼠盧方，第二是徹地鼠韓彰，第三是穿山鼠徐慶，第四是混江鼠蔣平，第五是錦毛鼠白玉堂。」聖上聽了，喜動天顏道：「聽他們這些綽號，想來就是他們本領了。」包公道：「正是。現今惟有韓彰、白玉堂不知去向，其餘三人俱在臣衙內。」仁宗道：「既如此，卿明日將此三人帶進朝內，朕在壽山福海御審。」包公聽了，心下早已明白。這是天子要看看他們的本領，故意的以御審為名。若果要御審，又何必單在壽山福海呢？

　　再者包公為何說盤桅鼠、混江鼠呢？包公為此籌劃已久，恐說出「鑽天」、「翻江」有犯聖忌，故此改了。這也是憐才的一番苦心。當日早朝已畢，回到開封，將事告訴了盧方等三人。並著展爺與公孫先生等明日俱隨入朝。為照應他們三人，又囑咐了他三人多少言語，無非是敬謹小心而已。

到了次日，盧方等絕早的就披上罪裙罪衣。包公見了，吩咐不必，俟聖旨召見時再穿不遲。盧方道：「罪民等今日朝見天顏，理宜奉公守法。若臨期再穿，未免簡慢，不是敬君上之理。」包公點頭道：「好。所論極是。若如此本閣可以不必再囑咐了。」便上轎入朝。展爺等一群英雄跟隨來至朝房，照應盧方等三人，不時的問問茶水等項。盧方到了此時，惟有低頭不語。蔣平也是暗自沉吟。獨有愣爺徐慶東瞧西望，問了這裡又打聽那邊，連一點安頓氣兒也是沒有。忽見包興從那邊跑來，口內打咮又點手兒。展爺已知是聖上過壽山福海那邊去了，連忙同定盧方等隨著包興往內裡而來。包興又悄悄囑咐盧方道：「盧員外不要害怕。聖上要問話時總要據實陳奏。若問別的自有相爺代奏。」盧方連連點頭。

剛來至壽山福海，只見宮殿樓閣金碧交輝，寶鼎香煙氤氳，結綵丹墀，文武排班。忽聽鍾磬之音嘹亮，一對對提爐引著聖上升了寶殿。頃刻肅然寂靜。卻見包相牙笏上捧定一本，卻是盧方等的名字，跪在丹墀。聖上宣至殿上，略問數語出來了。老伴伴陳林來至丹墀之上道：「旨意帶盧方、徐慶、蔣平。」此話剛完，早有御前侍衛將盧方等一邊一個，架起胳膊，上了丹墀。任你英雄好漢，到了此時沒有不動心的。

慢說盧、蔣二人連渾愣兒的徐慶他也覺心中亂跳。兩邊的侍衛又將他等一按，悄悄說道：「跪下。」三人匍匐在地。

侍衛往兩邊一閃。聖上見他等觳觫戰慄，不敢抬頭，叫盧方抬起頭來。盧方秉正向上。仁宗看了，點了點頭，暗道：「看他相貌出眾，武藝必定超群。」因問道：「居住何方？結義幾人？作何生理？」盧方一一奏罷。聖上又問他：「因何投到開封府？」盧方連忙叩首奏道：「罪民因白玉堂年幼無知，惹下滔天大禍，全是罪民素日不能規箴忠告善導，致令釀成此事。惟有仰懇天恩，將罪民重治其罪。」奏罷叩頭碰地。仁宗見他情甘替白玉堂認罪，真不愧結盟的義氣，聖心大悅。

忽見那邊忠烈祠旗桿上黃旗被風刮得忽喇喇亂響，又見兩旁的飄帶有一根卻裹住滑車。聖上卻借題發揮道：「盧方你為何叫做盤桅鼠？」盧方奏道：「只因罪民船上篷索斷落，罪民曾爬桅結索，因此叫為盤桅鼠。實乃罪民末技。」聖上道：「你看那旗桿上飄帶纏繞不清，你可能夠上去解開麼？」盧方跪著扭項一看，奏道：「罪民可以勉力巴結。」聖上命陳林將盧方領下丹墀，脫去罪衣罪裙，來到旗桿之下。他便挽掮衣袖，將身一縱，蹲在夾桿石上，只用手一扶旗桿兩膝一拳，只聽咻咻咻咻猶如猿猴一般，迅速之極，早已到了掛旗之處。先將繞在旗桿上的解開，只見他用腿盤旗桿，將身形一探，卻把滑車

上的飄帶也就脫落下來。此時聖上與群臣看的明白，無不喝采。忽又見他伸開一腿，只用二腿盤住旗桿，將身體一平，雙手一伸，卻在黃旗一旁又添上了一個順風旗。眾人看了，誰不替他耽驚。忽又用了個撥雲探月架式，將左手一甩，將那一條腿早離了桿。這一下把眾人嚇了一跳。及至看時，他早用左手單挽旗桿，又使了個單展翅。下面自聖上以下，無不喝采連聲。猛見他把頭一低，滴溜溜順將下，來彷彿失手的一般。卻把眾人嚇著了，齊說：「不好！」再一看時，他卻從夾桿石上跳將下來。眾人方才放心。天了滿心歡喜，連聲讚道：「真不愧『盤桅』二字。」陳林仍帶盧方上了丹墀，跪在旁邊。

看第二名的叫徹地鼠韓彰，不知去向。聖上即看第三名的叫穿山鼠徐慶，便問道：「徐慶。」徐慶抬起頭來道：「有！」他這聲答應的極其脆亮。天子把他一看見他黑漆漆一張面皮，光閃閃兩個環睛，鹵莽非常，毫無畏懼。不知仁宗看了，問出什麼話來，且聽下回分解。

# 第四十九回　金殿試藝三鼠封官　佛門遞呈雙烏告狀

　　話說天子見那徐慶鹵莽非常，因問他如何穿山。徐慶道：「只因我……」蔣平在後面悄悄拉他，提拔道：「罪民罪民！」徐慶聽了，方說道：「我罪民在陷空島連鑽十八孔，故此人人叫我罪民穿山鼠。」聖上道：「朕這萬壽山也有山窟，你可穿得過去麼？」徐慶道：「只要是通的，就鑽得過去。」聖上又派了陳林，將徐慶領至萬壽山下。徐慶脫去罪衣罪裙。陳林囑咐他道：「你只要穿山窟過去應個景兒，即便下來，不要耽延工夫。」徐慶只管答應，誰知他到了半山之間見個山窟，把身子一順就不見了，足有兩盞茶時不見出來。陳林著急道：「徐慶你往哪裡去了？」忽見徐慶在南山尖之上應道：「唔，俺在這裡。」這一聲連聖上與群臣俱各聽見了。盧方在一旁跪著，暗暗著急，恐聖上見怪。誰知徐慶應了一聲又不見了。陳林更自著急，等了多會，方見他從山窟內穿出。陳林連忙點手呼他下來。此時徐慶已不成模樣，渾身青苔，滿頭塵垢。陳林仍把他帶在丹墀，跪在一旁。聖上連連誇獎：「果真不愧『穿山』二字。」

又見單上第四名混江鼠蔣平。天子往下一看，見他身材矮小，再搭著匍匐在地更顯葳蕤。及至叫他抬起頭來，卻是面黃肌瘦，形如病夫。仁宗有些不悅，暗想道：「看他這光景，如何配稱混江鼠呢？」無奈何問道：「你既叫混江鼠，想是會水了？」蔣平道：「罪民在水間能開目視物，能水中整個月住宿，頗識水性因此喚作混江鼠。這不過是罪民小巧之技。」

仁宗聽說「頗識水性」四字更不喜悅。立刻吩咐備船，叫陳林：「進內取朕的金蟾來。」少時陳伴伴取到。天子命包公細看，只見金漆木桶之中，內有一個三足蟾，寬有三寸按三才，長有五寸遵五行，兩個眼睛如琥珀一般，一張大口恰似胭脂，碧綠的身子，雪白的肚兒，更趁著兩個金睛圈兒，周身的金點兒，實實好看，真是稀奇之物。包公看了讚道：「真乃奇寶。」

天子命陳林帶著蔣平上一隻小船。卻命太監提了木桶。聖上帶領首相及諸大臣登在大船之上。此時陳林看蔣平光景，惟恐他不能捉蟾，悄悄告訴他道：「此蟾乃聖上心愛之物，你若不能捉時，趁早言語。我與你奏明聖上，省得吃罪不起。」蔣平笑道：「公公但請放心，不要多慮。有水靠求借一件。」

陳林道：「有有。」立刻叫小太監拿幾件來。蔣平挑了一身極小的，脫了罪衣罪裙，穿上水靠，剛剛合體。只聽聖上那

邊大船上太監手提木桶道：「蔣平，咱家這就放蟾了。」說罷
將木桶口兒向下，底兒朝上，連蟾帶水，俱各倒在海內。只見
那蟾在水皮之上發愣。陳林這邊緊催蔣平：「下去下去！」

蔣平卻不動。不多時那蟾靈性清醒，三足一晃就不見了。
蔣平方向船頭將身一順，連個聲息也無也不見了。

天子那邊看的真切，暗道：「看他入水勢頗有能為。只是
金蟾惟恐遺失。」跟睜睜往水中觀看，半天不見影響。天子暗
說：「不好！朕看他懦弱身軀，如何禁得住在水中許久。別是
他捉不住金蟾，畏罪自溺死了罷？這是怎麼說！朕為一蟾要人
一命，豈是為君的道理。」正在著急，忽見水中咕嘟嘟翻起泡
來。此泡一翻，連眾人俱各猜疑了，這必是沉了底兒了。

仁宗好生難受。君臣只顧遠處觀望，未想到船頭以前忽然
水上起波，波紋往四下裡一開，發了一個極大的圈兒。從當中
露出人來，卻是面向下背朝上，真是河漂子一般。聖上看了，
不由地一怔。猛見他將腰一拱，仰起頭來卻是蔣平在水中，跪
著兩手上下合攏。將手一張，只聽金蟾在掌中「呱呱」的亂叫。
天子大喜道：「豈但頗識水性，竟是水勢精通了！真是好混江
鼠，不愧其稱。」忙吩咐太監將木桶另注新水。蔣平將金蟾放
在裡面，跪在水皮上，恭恭敬敬向上叩了三個頭。聖上及眾人

無不誇讚。見他仍然踏水，奔至小船，脫了衣靠。陳林更喜，仍把他帶往金鑾殿來。

此時聖上已回轉殿內，宣包公進殿道：「朕看他等技藝超群，豪俠尚義。國家總以鼓勵人材為重。朕欲加封他等職銜，以後也令有本領的各懷向上之心。卿家以為何如？」包公原有此心，恐聖上設疑，不敢啟奏，今一聞此旨，連忙跪倒奏道：「聖主神明，天恩浩蕩。從此大開進賢之門，實國家之大幸也。」仁宗大悅，立刻傳旨賞了盧方等三人，也是六品校尉之職，俱在開封供職。又傳旨務必訪查白玉堂、韓彰二人，不拘時日。包公帶領盧方等謝恩。天子駕轉回宮。

包公散朝來到衙署。盧方等三人從新又叩謝了包公。包公甚喜，卻又諄諄囑咐：「務要訪查二義士、五義士，莫要辜負聖恩。」公孫策與展爺、王、馬、張、趙俱各與三人智喜。獨有趙虎心中不樂，暗自思道：「我們辛苦了多年方，才掙得個校尉。如今他三人不發一刀一槍，便也是校尉，竟自與我等為伍。若論盧大哥他的人品軒昂，為人忠厚，武藝超群，原是好的。就是徐三哥直直爽爽，就合我趙虎的脾氣似的，也還可以。獨有那姓蔣的，三分不像人，七分不像鬼，瘦的那個樣兒，眼看著成了乾兒了，不是筋連著也就散了！他還說動話兒，鬧雁兒孤，尖酸刻薄，怎麼配與我老趙同堂辦事呢？」心中老大不

樂。因此每每聚談飲酒之間，趙虎獨獨與蔣平不對。蔣爺毫不介意。

　　他等一邊裡訪查正事，一邊裡彼此聚會，又耽延了一個月的光景。這一天包公下朝，忽見兩個烏鴉隨著轎「呱呱」亂叫，再不飛去。包公心中有些疑惑。又見有個和尚迎轎跪倒，雙手舉呈口呼「冤枉」。包興接了呈子，隨轎進了衙門。包公立刻升堂，將訴呈看畢，把和尚帶上來問了一堂。原來此僧名叫法明，為替他師兄法聰辨冤。即刻命將和尚暫帶下去。忽聽烏鴉又來亂叫。及至退堂，來到書房，包興遞了一盞茶，剛然接過，那兩個烏鴉又在簷前「呱呱」亂叫。包公放下茶杯，出書房一看，仍是那兩個烏鴉。包公暗暗道：「這烏鴉必有事故。」吩咐李才將江樊、黃茂二人喚進來。李才答應。不多時二人跟了李才進來到書房門首。包公就差他二人跟隨烏鴉前去看有何動靜。江、黃二人忙跪下稟道：「相爺叫小人跟隨烏鴉往哪裡去？請即示下。」包公一聲斷喝道：「好狗才！誰許你等多說。派你二人跟隨，你便跟去。無論是何地方，但有行蹤可疑的，即便拿來見我。」說罷轉身進了書房。

　　江、黃二人彼此對瞧了瞧，不敢多言，只得站起對烏鴉道：「往哪裡去？走啊！」可煞作怪，那烏鴉便展翅飛起，出衙去了。二人哪敢怠慢，趕出了衙門。卻見烏鴉在前，二人不管別

的，低頭看看腳底下，卻又仰面瞧瞧烏鴉，不分高低，沒有理會，已到城外曠野之地。二人吁吁帶喘。江樊道：「好差使眼兒！兩條腿跟著帶翅兒的跑。」黃茂道：「我可頑不開了。再要跑我就要暴脫了。你瞧我這渾身汗全透了。」忽見那邊飛了一群烏鴉來，連這兩個裹住。江樊道：「不好咧！完了，咱們這兩個呀呀兒嘍了。好漢打不過人多。」說著話兩個便坐在地下，仰面觀瞧。只見左旋右舞，飛騰上下如，何分的出來呢。江、黃二人為難。「這可怎麼樣呢？」猛聽得那邊樹上「呱呱」亂叫。江樊立起身來一看，道：「夥計你在這裡呢。好啊！他兩個會頑啊，敢則躲在樹裡藏著呢。」黃茂道：「知道是不是？」江樊道：「咱們叫它一聲兒。烏鴉啊，該走咧！」

只見兩隻烏鴉飛起，向著二人亂叫，又往南飛去了。江樊道：「真奇怪！」黃茂道：「別管他，咱們且跟他到那裡。」二人趕步向前。剛然來至寶善莊，烏鴉卻不見了。見有兩個穿青衣的，一個大漢一個後生。江樊猛然省悟道：「夥計二青啊。」黃茂道：「不錯雙皂啊。」二人說完，尚在游疑。只見那二人從小路上岔走。大漢在前；後生在後，趕不上大漢，一著急卻跌倒了，把靴子脫落了一隻，卻露出尖尖的金蓮來。那大漢看見，轉回身來將，她扶起，又把靴子起叫她穿上。黃茂早趕過來道：「你這漢子要拐那婦人往哪裡去？」

　　一伸手就要拿人。哪知大漢眼快，反把黃茂腕子攏住，往懷裡一領，黃茂難以扎掙，便就順水推舟的趴下了。江樊過來嚷道：「故意的女扮男裝，必有事故，反將我們夥計摔倒。你這廝有多大膽？」說罷才要動手，只見那大漢將手一晃，一眨眼間右肋下就是一拳。江樊往後倒退了幾步，身不由己的，也就仰面朝天的躺下了。他二人卻好，雖則一個趴著，一個躺著，卻罵不絕口，又不敢起來和他較量。只聽那大漢對後生說：「你順著小路過去，有一樹林，過了樹林就看見莊門了。你告訴莊丁們，叫他等前來綁人。」那後生忙忙順著小路去了。不多時，果見來了幾個莊丁，短棍鐵尺口稱：「主管拿什麼人？」大漢用手往地下一指道：「將他二人捆了，帶至莊中見員外去。」莊丁聽了，一齊上前，捆了就走。繞過樹林，果見一個廣梁大門。江、黃二人正要探聽打聽。一直進了莊門，大漢將他二人帶至群房道：「我回員外去。」不多時，員外出來，見了公差，江樊只嚇得驚疑不止。不知為了何事，且聽下回分解。

# 第五十回　徹地鼠恩救二公差　白玉堂智偷三件寶

　　且說那員外迎面見了兩個公差，誰知他卻認得江樊，連忙吩咐家丁快快鬆了綁縛，請到裡面去坐。你道這員外卻是何等樣人？他姓林單名一個春字，也是個不安本分的。當初同江樊他兩個人原是破落戶出身，只因林春發了一注外財，便與江樊分手。江樊卻又上了開封府當皂隸，暗暗的熬上了差役頭目。林春久已聽得江樊在開封府當差，就要仍然結識於他。

　　誰知江樊見了相爺秉正除奸，又見展爺等英雄豪俠，心中羨慕頗有向上之心。他竟改邪歸正，將夙日所為之事一想，全然不是在規矩之中，以後總要做好事當好人才是。不想今日被林春主管雷洪拿來，見了員外卻是林春。林春連聲：「恕罪」即刻將江樊、黃茂讓至待客廳上。獻茶已畢，林春欠身道：「實實不知是二位上差，多有得罪。望乞看當初的份上，務求遮蓋一二。」江樊道：「你我原是同過患難的這有什麼要緊。但請放心。」說罷執手別過頭來，就要起身。這本是個脫身之計。不想林春更是奸滑油透的，忙攔道：「江賢弟且不必忙。」便向小童一使眼色。小童連忙端出一個盤子，裡面放定四封銀

子。林春笑道：「些須薄禮，望乞笑納。」江樊道：「林兄你這就錯了。似這點事兒有甚要緊，難道用這銀子買囑小弟不成？斷難從命。」林春聽了登時放下臉來道：「江樊你好不知時務。我好意念昔日之情，賞臉給你銀兩，你竟敢推托。想來你是仗著開封府，藐視於我。好！好！」回頭叫聲：「雷洪，將他二人吊起來，給我著實拷打。立刻叫他寫下字樣，再回我知道。」

雷洪即吩咐莊丁捆了二人，帶至東院三間屋內。江樊、黃茂也不言語，被莊丁推至東院甚是寬闊。卻有三間屋子是兩明一暗。正中柁上有兩個大環，環內有鏈，鏈上有鉤。從背縛之處伸下鉤來鉤住腰間絲絛，往上一拉，吊的腳剛離地，前後並無依靠。雷洪叫莊丁搬個座位坐下，又吩咐莊丁用皮鞭先抽江樊。江樊到了此時，便把當初的潑皮施展出來，罵不絕口。莊丁連抽數下，江樊談笑自若道：「鬆小子！你們當家的慣會打算盤，一點葷腥兒也不給你們吃，盡與你們豆腐，吃得你們一點勁兒也沒有。你這是打人呢，還是與我去癢癢呢？」

雷洪聞聽，接過鞭子來一連抽了幾下。江樊道：「還是大小子好。他到底兒給我抓抓癢癢，孝順孝順我呀。」雷洪也不理他，又抽了數下。又叫莊丁抽黃茂。黃茂也不言語，閉眼合睛，惟有咬牙忍疼而已。江樊見黃茂挨死打，惟恐他一哼出來就不是勁兒了。他卻拿話往這邊領著說：「你們不必抽他了。

他的困大，抽著抽著就睡著了。你們還是孝順我來罷。」雷洪聽了不覺怒氣填胸，向莊丁手內接過皮鞭子來又打江樊。江樊卻是嬉皮笑臉。鬧得雷洪無法，只得歇息歇息。

此時日已銜山，將有掌燈時候，只聽小童說道：「雷大叔，員外叫你老吃飯呢。」雷洪叫莊丁等皆吃飯去，自己出來將門帶上，扣了吊兒，同小童去了。這屋內江、黃二人聽了聽，外面寂靜無聲，黃茂悄悄說道：「江大哥，方才要不是你拿話兒領過去，我有點頑不開了。」江樊道：「你等著吧，回來他來了這頓打那才夠馱的呢。」黃茂道：「這可怎麼好呢？」忽見裡間屋內一人啼哭，卻看不出是什麼模樣。江樊問道：「你是什麼人？」那人道：「小老兒姓豆。只因同小女上汴梁投親去，就在前面寶善莊打尖。不想這員外由莊上回來，看見小女就要搶掠。多虧了一位義士姓韓名彰，救了小老兒父女二人，又贈了五兩銀子。不料不識路徑，竟自走入莊內，卻就是這員外莊裡。因此被他仍然搶回，將我拘禁在此。尚不知我女兒性命如何？」說著說著就哭了。江、黃二人聽了說是韓彰，滿心歡喜道：「咱們倘能脫了此難，要是找著韓彰這才是一件美差呢。」

正說至此，忽聽了吊兒一響，將門閃開一縫，卻進來了一人。火扇一晃，江、黃二人見他穿著夜行衣靠，一色是青。忽聽豆老兒說道：「原來是恩公到了。」江、黃聽了此言，知是

韓彰忙道：「二員外爺，你老快救我們才好。」韓彰道：「不要忙。」從背後抽出刀來，將繩索割斷，又把鐵鏈鉤子摘下。

江、黃二人已覺痛快。又放了豆老兒。那豆老兒因捆他的工夫大了，又有了年紀，一時血脈不能周流。韓彰便將他等領出屋來，悄悄道：「你們在何處等等，我將林春拿住，交付你二人好去請功。再找找豆老的女兒在何處。只是這院內並無藏身之所，你們在何處等呢？」忽見西牆下有個極大的馬槽扣在那裡，韓彰道：「有了。你們就藏在馬槽之下如何呢？」江樊道：「叫他二人藏在裡面罷，我是悶不慣的。我一人好找地方，另藏在別處罷。」說著就將馬槽一頭掀起，黃茂與豆老兒跑進去，仍然扣好。

二義士卻從後面上房，見各屋內燈光明亮，他卻伏在簷前往下細聽。有一個婆子說道：「安人，你這一片好心，每日燒香念佛的只保佑員外平安無事罷。」安人道：「但願如此。只是再也勸不過來的。今日又搶了一個女子來，還鎖在那邊屋裡呢。不知又是什麼主意？」婆子道：「今日不顧那女子了。」

韓爺暗喜：「幸而女子尚未失身。」又聽婆子道：「還有一宗事最惡呢。原來咱們莊南有個錫匠，叫什麼季廣，他的女人倪氏和咱們員外不大清楚。只因錫匠病才好了，咱們員外就

叫主管雷洪定下一計策，叫倪氏告訴他男人說，他病時曾許下在寶珠寺燒香。這寺中有個後院子，是一塊空地，並丘著一口棺材，牆卻倒塌不整。咱們雷洪就在那裡等她。」安人問道：「等她做什麼？」婆子道：「這就是他們定的計策。那倪氏燒完了香就要上後院子小解，解下裙子來，搭在丘子上，及至小解完了就不見了。因此她就回了家了。到了半夜有人敲門，嚷道『送裙子來了。』倪氏叫男人出去，就被人割了頭去了。這倪氏就告到祥符縣，說廟內昨日失去裙子，夜間夫主就被人殺了。縣官聽罷，就疑惑廟內和尚身上，即派人前去搜尋，卻於廟內後院丘子旁邊見有浮土一堆。刨開看時就是那條裙子包著季廣的腦袋呢。差人就把本廟的和尚法聰拿了去了。用酷刑審問，他如何能招呢？誰知法聰有個師弟名叫法明，募化回來，聽見此事，他卻在開封府告了。咱們員外聽見此信，恐怕開封問事厲害，萬一露出馬腳來，不大穩健；因此又叫雷洪拿了青衣小帽，叫倪氏改裝，藏在咱們家裡，就在東跨所，聽說今晚成親。你老人家想想，這是什麼事？平白無故的生出這等毒計！」

韓爺聽畢，便繞至東跨所輕輕落下。只聽屋內說道：「那開封府斷事如神，你若到了那裡，三言兩語，包管露出馬腳來那還了得。如今這個法子，誰想的到你在這裡呢？這才是萬年無憂呢。」婦人說道：「就只一宗，我今日來時遇見兩個公差，

191

偏偏的又把靴子掉了露出腳來。喜的好在拿住了，千萬別要把他們放走了。」林春道：「我已告訴雷洪，三更時把他們結果了就完了。」婦人道：「若如此，事情才得乾淨呢。」

韓二爺聽至此，不由氣往上撞，暗道：「好惡賊！」卻用手輕輕的掀起簾櫳，來至堂屋之內。見那邊放著軟簾，走至跟前，猛然的將簾一掀，口中說道：「嚷就是一刀！」卻把刀一晃，滿屋明亮。林春這一嚇不小。見來人身量高大，穿著一身青靠，手持明亮亮的刀，借燈光一照更覺難看。便跪倒哀告道：「大王爺饒命！若用銀兩我去取去。」韓彰道：「俺自會取，何用你去！且先把你捆了再說。」見他穿著短衣，一回頭看見絲條放在那裡，就一伸手拿過來，將刀咬在口中，用手將他捆了個結實。又見有一條絹巾，叫林春張開口，給他塞上。再看那婦人時，已經哆嗦在一堆。順手提將過來，卻把拴帳鉤的條子割下來，將婦人捆了。又割下一副飄帶，將婦人的口也塞上。

正要回身出來找江樊等，忽聽一聲嚷，卻是雷洪到東院持刀殺人去了，不見江、黃、豆老，連忙呼喚莊丁搜尋，卻在馬槽下搜出黃茂、豆老，獨獨不見了江樊，只得來稟員外。韓爺早迎至院中，劈面就是一刀。雷洪眼快，用手中刀盡力一磕，幾乎把韓爺的刀磕飛。韓爺暗道：「好力量！」二人往來多時。

　　韓爺技藝雖強，吃虧了力軟；雷洪的本領不濟，便宜力大，所謂「一力降十會」。韓爺看看不敵，猛見一塊石頭飛來，正打在雷洪的脖項之上，不由地向前一栽。韓爺手快，反背就是一刀背，打在脊樑骨上。這兩下才把小子鬧了個嘴吃屎。韓爺剛要上前，忽聽道：「二員外不必動手，待我來。」卻是江樊上前，將雷洪綁了。

　　原來江樊見雷洪呼喚莊丁搜查，他卻隱在黑暗之處。後見拿了黃茂、豆老，雷洪吩咐莊丁：「好生看守，待我回員外去。」

　　雷洪前腳走，江樊卻後邊暗暗跟隨。因無兵刃，走著隨便揀了一塊石頭兒在手內拿著。可巧遇韓爺同雷洪交手，他卻暗打一石，不想就在此石上成功。韓爺又搜出豆女，交付與林春之妻，吩咐候案完結時好叫豆老兒領去。復又放了黃茂、豆老。

　　江樊等又求韓爺護送。韓爺便把竊聽設計謀害季廣，法聰含冤之事一一敘說明白。江樊又說：「求二員外親至開封府去。」並言盧方等已然受職。韓爺聽了卻不言語，轉眼之間就不見了。

　　江、黃二人卻無奈何，只得押解二人來到開封，把義士解

救以及拿獲林春、倪氏、雷洪並韓彰說的謀害季廣，法聰冤枉之事，俱各稟明了。

　　包公先差人到祥符縣提法聰到案，然後立刻升堂，帶上林春、倪氏、雷洪等一群人犯嚴加審訊。他三人皆知包公斷事如神，俱各一一招認。包公命他們俱畫招具結收禁按律定罪。仍派江樊、黃茂帶了豆老兒到寶善莊將他女兒交代明白，投親去罷。及至法聰提到，又把原告法明帶上堂來，問他等烏鴉之事。二人發怔，想了多時，方才想起。原來這兩隻烏鴉是寶珠寺廟內槐樹上的，因被風雨吹落兩個雛鴉，將翎摔傷。多虧法聰好好裝在筐籮內將養，任其飛騰自去。不意竟有鳴冤之事。包公聽了點頭，將他二人釋放無事。

　　此案已結，包公來到書房，用畢晚飯。將有初鼓之際，江、黃二人從寶善莊回來，將帶領豆老兒將他女兒交代明白的話回了一遍。包公念他二人勤勞辛苦，每人賞銀二十兩。二人叩謝一，齊立起。剛要轉身，又聽包公喚道：「轉來。」二人連忙止步，向上侍立。包公又細細詢問韓彰。二人從新細稟一番，方才出來。包公細想：「韓彰不肯來之事是何緣故？並且告訴他盧方等聖上並不加罪，已皆受職。他聽了此言，應當有向上之心，如何又隱密而不來呢？」猛然省悟道：「哦，是了是了。他因白玉堂未來，他是絕不肯先來的。」正在思索之際，忽聽

院內拍地一聲，不知是何物落下。包興連忙出去，卻進一個紙包兒來，上寫著「急速拆閱」四字。包公看了，以為必是匿名帖子或是其中別有隱情。拆開看時，裡面包一個石子，有個字柬兒，上面寫著：「我今特來借三寶，暫且攜歸陷空島。南俠若到盧家莊，管叫『御貓』跑不了。」包公看罷便叫包興前去看視三寶，又令李才請展護衛來。

　　不多時展爺來至書房，包公即將字柬與展爺看了。展爺忙問道：「相爺可曾差人看三寶去了沒有？」包公道：「已差包興看視去了。」展爺不勝驚駭道：「相爺中了他們投石問路之計了。」包公問道：「何以謂之投石問路呢？」展爺道：「這來人本不知三寶在於何處，故寫此字，令人設疑。若不使人看視，他卻無法可施；如今已差人看視，這是領了他去了。此三寶必失無疑了。」正說至此，忽聽那邊一片聲喧，展爺吃了一驚。不知所嚷為何，且聽下回分解。

# 第五十一回　尋猛虎雙雄陷深坑　獲兇徒三賊歸平縣

且說包公正與展爺議論石子來由，忽聽一片聲喧，乃是西耳房走了火了。展爺連忙趕至那裡，早已聽見有人嚷道：「房上有人！」展爺借火光一看，果然房上站立一人。連忙用手一指，放出一枝袖箭。只聽「噗哧」一聲，展爺道：「不好！又中了計了。」一眼卻瞧見包興在那裡張羅救火，急忙問道：「印官看視三寶如何？」包興道：「方纔看了，絲毫沒動。」展爺道：「你再看看去。」正說間三義、四勇俱各到了。此時耳房之火已然撲滅。原是前面窗戶紙引著，無甚要緊。只見包興慌張跑來說道：「三寶真是失去不見了！」展爺即飛身上房。盧方等聞聽亦皆上房。四個人四下搜尋，並無影響。下面卻是王、馬、張、趙前後稽查，也無下落。展爺與盧爺等仍從房上回來，卻見方才用箭射的乃是一個皮人子，腳上用雞爪釘扣定瓦上，原是吹膨了的，因用袖箭打透，冒了風，也就攤在房上了。

愣爺徐慶看了道：「這是老五的。」蔣爺捏了他一把。展爺卻不言語。盧方聽了好生難受，暗道：「五弟做事太陰毒了。

你知我等現在開封府，你卻盜去三寶，叫我等如何見相爺？如何對的起眾位朋友？」他哪裡知道相爺處還有個知照帖兒呢。

　　四人下得房來，一同來至書房。此時包興已回稟包公，說三寶失去。包公叫他不用聲張。卻好見眾人進來參見包公，俱各認罪。包公道：「此事原是我派人瞧的不好了。況且三寶亦非急需之物，有什稀罕。你等莫要聲張，俟明日慢慢訪查便了。」眾英雄見相爺毫不介意，只得退出來到公所之內。

　　依盧方還要前去追趕。蔣平道：「知道五弟向何方而去，不是望風捕影麼？」展爺道：「五弟回了陷空島了。」盧方問道：「何以知之？」展爺道：「他回明了相爺，還要約小弟前去，故此知之。」便把才纜字束上的言語念出。盧方聽了，好不難受，慚愧滿面，半晌道：「五弟做事太任性了，這還了得！還是我等趕了他去為是。」展爺知道盧方乃是忠厚熱腸，忙攔道：「大哥是斷斷去不得的。」盧方道：「卻是為何？」展爺道：「請問大哥趕上五弟，和五弟要三寶不要？」盧方道：「焉有不要之理。」展爺道：「卻又來。和他要他給了便罷，他若不給難道真個翻臉拒捕，從此就義斷情絕了麼？我想此事還是小弟去的是理。」蔣平道：「展兄你去了恐有些不妥。五弟他不是好惹的。」展爺聽了不悅道：「難道陷空島是龍潭虎穴不成？」蔣平道：「雖不是龍潭虎穴，只是五弟做事令人難

測，陰毒得很。他這一去必要設下埋伏。一來陷空島大哥路徑不熟，二來知道他設下什麼圈套？莫若小弟明日回稟了相爺，先找我二哥。我二哥若來了，還是我等回至陷空島，將他穩住，做為內應，大哥再去方是萬全之策。」展爺聽了才待開言，只聽公孫策道：「四弟言之有理。展大哥莫要辜負四弟一番好意。」展爺見公孫先生如此說，只得將話嚥住，不肯往下說了，惟有心中暗暗不平而已。

到了次日，蔣平見了相爺，回明要找韓彰去。並因趙虎每每有不合之意，要同張龍、趙虎同去。包公聽說要找韓彰，甚合心意，因問向何方去找。蔣平回道：「就在平縣翠雲峰。因韓彰的母親墳墓在此峰下，年年韓彰必於此時拜掃。故此要到那裡尋找一番。」包公甚喜就叫張、趙二人同往。張龍卻無可說，獨有趙虎一路上和蔣平鬧了好些閒話。蔣爺只是不理，張龍在中間勸阻。

這一日打尖吃飯，剛然坐下，趙虎就說：「咱們同桌兒吃飯，各自會錢，誰也不必擾誰。你道好麼？」蔣爺笑道：「很好。如此方無拘束。」因此各自要的各自吃，我也不吃你的，你也不吃我的。幸虧張龍惟恐蔣平臉上下不來，反在其中周旋打和兒。趙虎還要說閒話，蔣爺止於笑笑而已。及至吃完，堂官算賬，趙虎務必要分算。張龍道：「且自算算櫃上再分去。」

　　到櫃上問時，櫃上說蔣老爺已然都給了。卻是跟蔣老爺的伴當進門時就把銀包交付櫃上，說明了如有人問，就說蔣老爺給了。天天如此，張龍好覺過意不去。蔣平一路上聽閒話受作踐，不一而足。

　　好容易到了翠雲峰，半山之上有個靈佑寺。蔣爺卻認得廟內和尚，因問道：「韓爺來了沒有？」和尚答道：「卻未到此掃墓。」蔣平聽了滿心歡喜，以為必遇韓彰無疑。就與張、趙二人商議，在此廟內居住等候。趙虎前後看了一回，見雲堂寬闊豁亮，就叫伴當將行李安放在雲堂，同張龍住了。蔣平就在和尚屋內同居。偏偏的廟內和尚俱各吃素，趙虎他卻耐不得，向廟內借了碗盞傢伙，自己起灶，叫伴當打酒買肉，合心配口而食。

　　伴當這日提了竹筐，拿了銀兩，下山去了。不多時卻又轉來。趙虎見他空手回來，不覺發怒道：「你這廝向何方去了多時，酒肉尚未買來？」掄拳就要打。伴當連忙往後一退道：「小人有事回爺。」張龍道：「賢弟且容他說。」趙虎掣回拳來道：「快講！說不是，我再打。」伴當道：「小人方才下山走到松林之內，見一人在那裡上吊。見了是救嚇是不救呢？」

趙虎說：「那還用問嗎？快些救去救去！」伴當道：「小人已救下來，將他帶了來了。」趙虎笑道：「好小子！這才是。快買酒肉去罷。」伴當道：「小人還有話回呢。」趙虎道：「好嘮叨。還說什麼？」張龍說：「賢弟且叫他說明，再買不遲。」

趙虎道：「快、快。」伴當道：「小人問他為何上吊？他就哭了。他說他叫包旺。」趙虎聽了，連忙站起身來急問道：「叫什麼？」伴當道：「叫包旺。」趙虎道：「包旺怎麼樣？講講講！」伴當說：「他奉了太老爺、太夫人、大老爺、大夫人之命特送三公子上開封府衙內攻書。昨晚就在山下前面客店之中住下。因月色頗好出來玩賞，行至松林，猛然出來了一隻猛虎，就把他相公背了走了。」趙虎聽至此，不由怪叫吆喝道：「這還了得！這便怎麼處？」張龍道：「賢弟不必著急，其中似有可疑。既是猛虎為何不用口銜呢，卻背了他去了？這個光景必然有詐。」叫伴當將包旺快讓進來。

不多時伴當領進。趙虎一看果是包旺。彼此見了讓座道：「受驚。」包旺因前次在開封府見過張、趙二人，略為謙讓即便坐了。張、趙又細細盤問了一番，果是虎背了去了。

此時包旺便道：「自開封回家一路平安。因相爺喜愛三公

子，稟明太老爺、太夫人、大老爺、大夫人，就命我護送赴署。不想昨晚住在山下店裡，公子要踏月，走至松林出來一隻猛虎，把公子背了去。我今日尋找一天並無下落，因此要尋自盡。」

說罷痛哭。張、趙二人聽畢果是虎會背人，事有可疑。他二人便商議晚間在松林搜尋，倘然拿獲就可以問出公子的下落來了。此時伴當已將酒肉買來收妥當。叫包旺且免愁煩，他三人一處吃畢飯。趙虎喝得醉醺醺的就要走。張龍道：「你我也須裝束靈便，各帶兵刃。倘然真有猛虎，也可除此一方之害。咱們這個樣子，如何與虎鬥呢？」說罷脫去外面衣服，將褡包勒緊。趙虎也就扎縛停當，各持了利刃，叫包旺同伴當在此等候。

他二人下了山峰，來到松林之下。趁著月色，趙虎大呼小叫道：「虎在哪裡？虎在哪裡？」左一刀右一晃，亂砍亂晃。

忽見那邊樹上跳下二人，咕嚕嚕地就往西飛跑。原來有二人在樹上隱藏，遠遠見張、趙二人奔入林中，手持利刃，口中亂嚷虎在哪裡。又見明亮亮的鋼刀在月光之下一閃一閃，光芒冷促。這兩個人害怕，暗中計較道：「莫若如此如此，這般這般。」因此跳下樹來往西飛跑。張、趙二人見了緊緊追來。

　　卻見前面有破屋二間，牆垣倒塌，二人奔入屋內去了。張、趙亦隨後追來。愣爺不管好歹也就進了屋內。又無門窗戶壁，四角俱空，哪裡有個人影。趙虎道：「怪呀！明明進了屋子，為何不見了呢？莫不是見了鬼咧？或者是什麼妖怪？豈有此理！」

　　東瞧西望，一步湊巧，忽聽嘩啷一聲，蹲下身一摸，卻是一個大鐵環釘在木板子上邊。張龍亦進屋內，覺得腳下咕咚咕咚的響，就有些疑惑。忽聽趙虎說：「有了，他藏在這下邊呢！」

　　張龍說：「賢弟如何知道？」趙虎說：「我揪住鐵環了。」張龍說：「賢弟千萬莫揭此板。你就在此看守。我回到廟內將伴當等喚來，多拿火亮，豈不拿個穩當的。」趙虎卻耐煩不得道：「兩個毛賊有甚要緊？且自看看再做道理。」說罷，一提鐵環將板掀起，裡面黑洞洞怎什麼看不見。用刀往下一試探，卻是土基台階「哼！裡面必有蹊蹺，待俺下去。」張龍道：「賢弟且慢。」此話未完，趙虎已然下去。張龍惟恐有失，也就跟將下去。誰知下面台階狹窄而直，趙爺勢猛，兩腳收不住咕碌碌竟自滾下去了。口內連說：「不好！不好！」裡面的二人早已備下繩索，見趙虎滾下來，那肯容情，兩人服侍一個人，登時捆了個結實。張爺在上面聽見趙虎連說：「不好，不好」

不知何故，一時不得主意，心內一慌，腳下一滑也就溜下去了。裡面二人早已等候，又把張爺捆縛起來。這且不言。

　　再說包旺在廟內，自從張、趙二人去後，他方細細問明伴當，原來還有蔣平，他三人是奉相爺之命前來訪查韓二爺的。

　　因問：「蔣爺現在哪裡？」伴當便將趙爺與蔣爺不睦，一路上把蔣爺欺負苦咧，到此還不肯同住。幸虧蔣爺有涵容，全不計較，故此自己在和尚屋內住了。包旺聽了心下明白。直等到大有三更，未見張、趙回來，不由滿腹狐疑，對伴當說：「你看已交半夜，張、趙二位還不回來，其中恐有差池。莫若你等隨我同見蔣爺去。」伴當也因夜深，不得主意，即領了包旺來見蔣爺。

　　此時蔣平已然歇息。忽聽說包旺來到，又聽張、趙二人捉虎未回，連忙起來細問一番，方知他二人初鼓已去。自思：「他二人此來原是我在相爺跟前攛掇。如今他二人若有失閃，我卻如何覆命呢？」忙忙束縛靈便，背後插了三稜蛾眉刺，吩咐伴當等：「好生看守行李，千萬不准去尋我等。」

　　別了包旺，來至廟外，一縱身先步上高峰峻嶺。見月光皎潔，山色晶瑩，萬籟無聲，四圍靜寂。蔣爺側耳留神，隱隱聞

得西北上犬聲亂吠，必有村莊。連忙下了山峰，按定方向奔去，果是小小村莊。自己躡足潛蹤，遮遮掩掩，留神細看。見一家門首站立二人，他卻隱在一棵大樹之後。忽聽門開處裡面走出一人道：「二位賢弟夤夜至此何干？」只聽那二人道：「小弟等在地窖子裡，拿了二人，問他卻是開封府的校尉。我等聽了，不得主意，是放好還是不放好呢？故此特來請示大哥。」又聽那人說：「噯呀，竟有這等事！那是斷斷放不得的。莫若你二人回去將他等結果，急速回來，咱三人遠走高飛，趁早兒離開此地要緊。」二人道：「既如此，大哥就歸著行李，我們先辦了那宗事去。」說罷回身竟奔東南。蔣澤長卻暗暗跟隨。二人慌慌張張的竟奔破房前來。

此時蔣爺從背後拔出鋼刺，見前面的已進破牆，他卻緊趕一步，照著後頭走的這一個人的肩窩就是一刺，往懷裡一帶。

那人站不穩跌倒在地，一時掙扎不起。蔣爺卻又躥入牆內，只聽前面的問道：「外面什麼咕咚一響？……」話未說完，好蔣平！鋼刺已到，躲不及，右肋上已然著中。「噯」的一聲，翻觔斗栽倒。蔣爺趕上一步就勢按倒，解他腰帶三環五扣的捆了一回。又到牆外見那一人方才起來就要跑。真好澤長！趕上前窩裡炮踢倒，也就捆縛好了，將他一提提到破屋之內。

　　事有湊巧，腳卻掃著鐵環。又聽得空洞之中似有板蓋，即用手提環掀起木板，先將這個往下一扔。側耳一聽，只聽咕嚕咕嚕的落在裡面，摔得「噯呀」一聲。蔣爺又聽無甚動靜，方用鋼刺試步而下。到了裡面一看，卻有一間屋子大小，是一個甕洞窨兒。那壁廂點著一個燈掛子。再一看時見張、趙二人捆在那裡。張龍羞見，卻一言不發。趙虎卻嚷道：「蔣四哥，你來得正好，快快救我二人啊！」蔣平卻不理他。把那人一提，用鋼刺一指問道：「你叫何名？共有幾人？快說！」那人道：「小人叫劉豸，上面那個叫劉獬，方才鄧家窪那一個叫武平安。原是我們三個。」蔣爺又問道：「昨晚你等假扮猛虎背去的人呢？放在哪裡？」劉豸道：「那是武平安背去的，小人們不知。就知昨晚上他親姐姐死了，我們幫著抬埋的。」蔣平問明此事，只聽那邊趙虎嚷道：「蔣四哥，小弟從此知道你是個好的了。我們兩個人沒有拿住一個，你一個人拿住二名。四哥敢則真有本事，我老趙佩服你了。」蔣平就過來將他二人放起。張、趙二人謝了。蔣平道：「莫謝莫謝。還得上鄧家窪呢。二位老弟隨我來。」三人出了地窨，又將劉獬提起，也扔在地窨之內將，板蓋又壓上一塊石頭。

　　蔣平在前張、趙在後，來至鄧家窪。蔣平指與門戶，悄悄說：「我先進去，然後二位老弟叩門，兩下一擠，沒他的跑兒。」說著一縱身體，一股黑煙，進了牆頭，連個聲息也無。

趙虎暗暗誇獎。張龍此時在外叩門。只聽裡面應道:「來了。」

門未開時就問:「二位可將那二人結果了?」及至開門時,趙虎道:「結果了!」披胸就是一把揪了個結實。武平安剛要掙扎,只覺背後一人揪住頭髮,他哪裡還能動,立時縛住。三人又搜尋一遍,連個人也無,惟有小小包裹放在那裡。趙虎說:「別管他,且拿他娘的。」蔣爺道:「問他三公子現在何處?」

武平安說:「已逃走了。」趙虎就要用拳來打。蔣爺攔住道:「賢弟,此處也不是審他的地方,先押著他走。」三人押定武平安到了破屋,又將劉豸、劉獬從地窖裡提出,往回裡便走。

來至松林之內,天已微明。卻見跟張、趙的伴當尋下山來。便叫他們好好押解,一同來至廟中。約了包旺,竟赴平縣而來。

誰知縣尹已坐早堂。為宋鄉宦失盜之案。因有主管宋升聲言窩主究方善先生,因有金鐲為證。正在那裡審問方善一案,忽見門上進來稟道:「今有開封府包相爺差人到了。」

縣尹不知何事,一面吩咐快請,一面先將方善收監。這裡才吩咐,已見四人到了面前。縣官剛然站起,只聽有一矮胖之

206

人說道：「好縣官啊！你為一方之主，竟敢縱虎傷人，並且傷的是包相爺的侄男。我看你這紗帽是要戴不牢的了。」縣官聽了發怔，卻不明白此話只得道：「眾位既奉相爺鈞諭前來有話，請坐下慢慢的講。」吩咐看座。坐了包旺，先將奉命送公子赴開封，路上如何住宿，因步月如何遇虎將公子背去的話說了一遍。

蔣爺又將拿獲武平安、劉豸、劉獬的話說了一遍，並言俱已解到。縣官聽得已將兇犯拿獲，暗暗歡喜，立刻吩咐帶上堂來。先問武平安將三公子藏於何處。武平安道：「只因那晚無心中背了一個人來，回到鄧家窪，小人的姐姐家中。此人卻是包相爺的三公子包世榮。小人與他有殺兄之仇。因包相審問假公子一案，將小人胞兄武吉祥用狗頭鍘鍘死。小人意欲將三公子與胞兄祭靈……」趙虎聽至此，站起來舉手就要打，虧了蔣爺攔住。

又聽武平安道：「不想小人出去打酒買紙錁的工夫，小人姐姐就把三公子放他逃走了。」趙爺聽至此，又哈哈大笑說：「放得好！放得好！底下怎麼樣呢？」武平安道：「我姐姐叫我外甥鄧九如找我說『三公子逃走了。』小人一聞此言，急急回家，誰知我姐姐竟自上了吊死咧。小人無奈，煩人將我姐姐掩埋了。偏偏的我外甥鄧九如他也就死了。」未知如何，且聽

下回分解。

## 第五十二回　感恩情許婚方老丈　投書信多虧寧婆娘

　　且說蔣平等來至平縣，縣官立刻審問武平安。武平安說他姐姐因私放了三公子後竟自自縊身死。眾人聽了已覺可惜。

　　忽又聽說他外甥鄧九如也死了，更覺詫異。縣官問道：「鄧九如多大了？」武平安說：「今年才交七歲。」縣官說：「他小小年紀如何也死了呢？」武平安道：「只因埋了他母親之後，他苦苦的和小人要他媽。小人一時性起就將他踢了一頓腳，他就死在山窪子裡咧。」趙虎聽至此，登時怒氣填胸，站將起來就把武平安盡力踢了幾腳，踢得他滿地打滾。還是蔣、張二人勸住。又問了問劉豸、劉獬，也就招認因貧起見，就幫著武平安每夜行劫度日。俱供是實，一齊寄監。縣官又向蔣平等商議了一番，惟有趕急訪查三公子下落要緊。

　　你道這三公子逃脫何方去了？他卻奔至一家，正是方善，乃是一個的寒儒。家中並無多少房屋，只是上房三間，卻是方先生同女兒玉芝小姐居住。外有廂房三間做書房。那包世榮投到他家，就在這屋內居住。只因他年幼書生，自小嬌生慣養，

哪裡受得這樣辛苦，又如此驚嚇，一時之間就染起病來。多虧了方先生精心調理方覺好些。

一日方善上街給公子打藥，在路上拾了一隻金鐲，看了看，拿至銀鋪內去瞧成色；恰被宋升看見訛詐窩家，扭至縣內已成訟案。即有人送了信來。玉芝小姐一聽她爹爹遭了官司，哪裡還有主意，唰便哭哭啼啼。家中又無別人，幸喜有個老街坊，是個婆子姓寧，為人正直爽快，愛說愛笑，人人皆稱她為寧媽媽。這媽媽聽見此事，有些不平，連忙來到方家。

見玉芝已哭成淚人相似，寧媽媽好生不忍。玉芝一見如親人一般，就央求她到監中看視。那媽媽滿口應承，即到了平縣。

誰知那些衙役快頭俱與他熟識，眾人一見，彼此頑頑笑笑，嗷嗷嘔嘔，便領她到監中看視。見了方先生，又向眾人說些浮情照應的話，並問官府審得如何。方先生說：「自從到時，剛要過堂，不想為什麼包相爺的侄兒一事，故此未審。此時縣官竟為此事為難，無暇及此。」方善又問了問女兒玉芝，就從袖中取出一封字柬遞與寧媽媽道：「我有一事相求。只因我家外廂房中住著個榮相公，名喚世寶。我見他相貌非凡，品行出眾，而且又是讀書之人，堪與我女兒配偶。求媽媽玉成其事。」

寧婆道：「先生現遇此事，何必忙在此一時呢？」方善道：「媽媽不知。我家中並無多餘的房屋，而且又無僕婦丫鬟，怨女曠夫，未免有瓜田李下之嫌疑。莫若把此事說定了，他與我有翁婿之誼，玉芝與他有夫妻之分，他也可以照料我家中，別人也就無的說了。我的主意已定，只求媽媽將此封字柬與相公看了。倘若不允，就將我一番苦心向他說明，他再無不應之理。全仗媽媽玉成。」寧媽媽道：「先生只管放心。諒我這張口，說了此事必應。」方善又囑託家中照料，寧婆一一應允，急忙回來。先見了玉芝，先告訴他先生在監無事，又悄悄告訴他許婚之意：「現有書信在此，說這榮相公人問俱是好的，也活該是千里婚姻一線牽。」那玉芝小組見有父命也就不言語了。

婆婆問道：「這榮相公在書房裡麼？」玉芝無奈答道：「現在書房。因染病才好，尚未痊癒。」媽媽說：「待我看看去。」

來到廂房門口，故意高聲問道：「榮相公在屋裡麼？」只聽裡面應道：「小生在此。不知外面何人？請進屋內來坐。」媽媽來至屋內一看，見相公伏枕而臥，雖是病容，果然清秀便道：「老身姓寧，乃是方先生的近鄰。因玉芝小姐求老身往監中探望他父親，方先生卻托我帶了一個字柬給相公看看。」說罷從袖中取出遞過。三公子拆開看畢說道：「這如何使得。我

受方恩公莫大之恩，尚未答報，如何趕他遇事，卻又定他的女兒？這事難以從命。況且又無父母之命，如何敢做。」寧婆道：「相公這話就說差了。此事原非相公本心，卻是出於方先生之意。再者他因家下無人，男女不便，有瓜李之嫌，是以托老身多多致意。相公既說受他莫大之恩，何妨應允了此事，再商量著救方先生呢。」三公子一想：「難得方老先生這番好心，而且又名分攸關，倒是應了的是。」寧婆見三公子沉吟，知他有些允意又道：「相公不必遊疑。這玉芝小姐諒相公也未見過，真是生得端莊美貌，賽畫似的，而且賢德過人，又兼詩詞歌賦，無不通曉，皆是跟他父的，至於女工針黹，更是精巧非常。相公若是允了，真是天配良緣咧。」三公子道：「多承媽媽勞心，小生應下就是了。」寧婆道：「相公既然應允，大小有點聘定，老身明日也好回復先生去。」三公子道：「聘禮盡有，只是遇難奔逃，不曾帶在身邊。這便怎麼處？」寧婆婆道：「相公不必為難。只要相公拿定主意，不可食言就是了。」三公子道：「丈夫一言既出，如白染皂。何況受方夫子莫大之恩呢。」

寧婆道：「相公實在說的不錯。俗語說的好，『知恩不報恩，枉為世上人。』再者女婿有半子之情，想個什麼法子，救救方先生才好呢？」三公子說：「若要救方夫子極其容易。只是小生病體甫癒，不能到縣。若要寄一封書信，又怕無人敢遞去。事在兩難。」寧媽媽說：「相公若肯寄信，待老身與你送

去如何？就是怕你的信不中用。」三公子說：「媽媽只管放心。你要敢送這書信，到了縣內，叫他開中門要見縣官，面為投遞。他若不開中門，縣官不見，千萬不可將此書信落於別人之手。媽媽你可敢去麼？」寧媽媽說：「這有什麼呢？只要相公的書信靈應，我可怕怎的？待我取筆硯來，相公就寫起來。」說著話便向那邊桌上拿了筆硯，又在那書夾裡取了個封套箋紙，遞與三公子。三公子拈筆在手，只覺得手顫，再也寫不下去。

寧媽媽說：「相公家日喝冷酒嗎？」三公子說：「媽媽有所不知。我病了二天，水米不曾進，心內空虛，如何提得起筆來？必須要進些飲食方可寫；不然我實實寫不來的。」寧婆道：「既如此，我做一碗湯來，喝了再寫如何？」公子道：「多謝媽媽。」

寧婆離了書房，來至玉芝小姐屋內，將話一一說了。」只是公子手顫不能寫字，須進些羹湯喝了好寫。玉芝聽了此話，暗道：「要開中門見官府，親手接信，必有來歷。」忙與寧媽商議。又無葷腥，只得做碗素麵湯滴上點香油兒。寧媽端至書房，向公子道：「湯來了。」公子掙扎起來，已覺香味撲鼻，連忙喝了兩口說：「很好！」及至將湯喝完，兩鬢額角已見汗，登時神清氣爽，略略歇息，提筆一揮而就。寧媽媽見三公子寫信不加思索，迅速之極，滿心歡喜說道：「相公寫完了念與我

聽。」三公子說：「是念不得的。恐被人竊聽了去，走漏風聲
那還了得。」

　　寧媽媽是個精明老練之人，不戴頭巾的男子，惟恐書中有
了舛錯，自己到了縣內是要吃眼前虧的。她便搭訕著袖了書信，
悄悄地拿到玉芝屋內，叫小姐看了。小姐一看，不由暗暗歡喜，
深服爹爹眼力不差。便把不是榮相公卻是包公子，他將名字顛
倒瞞人耳目，以防被人陷害的話說了。「如今他這書上寫著奉
相爺諭進京，不想行至松林，遭遇凶事，險些被害等情。媽媽
只管前去投遞，是不妨事的。這書上還要縣官的轎子接他呢。」

　　婆子聽了，樂得兩手拍不到一塊，急急來至書房，先見了
三公子請罪道：「婆子實在不知是貴公子，多有簡慢望，乞公
子爺恕罪。」三公子說：「媽媽悄言，千萬不要聲張。」寧婆
道：「公子爺放心。這院子內一個外人沒有，再也沒人聽見？
求公子將書信封妥，待婆子好去投遞。」三公子這裡封信，寧
媽媽便出去了。不多時只見她打扮得齊整，雖無綾羅緞匹，卻
也乾淨樸素。三公子將書信遞與她。她彷彿奉聖旨的一般，打
開衫子，揣在貼身胸前主腰子裡。臨行又向公子福了一福，方
才出門竟奔平縣而來。

　　剛進衙門，只見從班房裡出來了一人，見寧婆道：「呀！

老寧你這個樣怎麼來了？別是又要找個主兒罷？」寧婆道：「你不要胡說。我問你今兒個誰的班？」那人道：「今個是魏頭兒。」一邊說著叫道：「魏頭兒，有人找你！這個可是熟人。」早見魏頭兒出來。寧婆道：「原來是老舅該班嗎，辛苦咧。沒有什麼說的，好兄弟姐姐勞動勞動你。」魏頭兒說：「又是什麼事？昨日進監探老方，許了我們一個酒兒還沒給我喝呢。今日又怎麼來了？」寧婆道：「口子大小總要縫，事情也要辦。姐姐今兒來特為此一封書信。可是要靚面見你們官府的。」魏頭兒聽了道：「噯呀！你越鬧越大咧。衙門裡遞書信或者使得。我們官府也是你輕易見得的？你別給我鬧亂兒了，這可比不得昨日是私情兒。」寧婆道：「傻兄弟，姐姐是做什麼的？當見的我才見呢，橫豎不能叫你受熱。」魏頭兒道：「你只管這麼說，我總有點不放心。倘或鬧出亂子，那可不是玩的。」旁邊有一人說：「老魏呀，你特膽小咧。她既這麼說，想來有拿手是當見的。你只管回去。老寧不是外人，回來可得喝你個酒兒。」寧婆道：「有咧，姐姐請你二人。」

說話間魏頭兒已回稟了，出來道：「走吧，官府叫你呢。」

寧婆道：「老舅，你還得辛苦辛苦。這封信本人交與我時，叫我告訴衙內，不開中門，不許投遞。」魏老兒聽了，將頭一搖手一擺說：「你這可胡鬧！為你這封信要開中門，你這不是

215

攬嗎？」寧媽說：「你既不開，我就回去。」說罷轉身就走。

魏頭兒忙攔住道：「你別走嚇。如今已回明瞭，你若走了官府豈不怪我。這是什麼差事呢？你真這麼著，我了不了啊！」寧婆見他著急，不由笑道：「好兄弟，你不要著急。你只管回去，就說我說的，此事要緊，不是尋常書信，必須開中門，方肯投遞。管保官府見了此書，不但不怪巧咧，咱們姐們還有點綵頭兒呢。」孫書吏在旁聽寧婆之話有因，又知道她素日為人，再不干荒唐事，就明白書信必有來歷，是不能不依著她，便道：「魏頭兒，再與她回稟一聲，就說她是這麼說的。」魏頭兒無奈，復又進去到了當堂。

此時蔣、張、趙三位爺連包旺四個人正與縣官要主意呢。忽聽差役回稟，有一婆子投書，依縣官是免見。還是蔣爺機變，就怕是三公子的密信，便在旁說：「容她相見何妨。」

去了半晌，差役回稟又說：「那婆子要叫開中門，方投此信。她說事有要緊。」縣官聞聽此言，不覺沉吟，料想必有關係，吩咐道：「就與她開中門，看她是何等書信。」差役應聲開放中門，出來對寧婆道：「全是你纏不清，差一點我沒吃上。快走罷！」寧婆不慌不忙，邁開尺半的花鞋，咯登咯登進了中門，直上大堂，手中高舉書信，來至堂前。縣官見婆子毫無懼

色，手擎書信。縣官吩咐差役將書接上來。差人剛要上前，只聽婆子道：「此書須太爺親接，有機密事在內。來人吩咐的明白。」縣官聞聽事有來歷，也不問是誰，就站起來，出了公座將書接過。婆子退在一旁。拆閱已畢，又是驚駭又是歡悅。

蔣平已然偷看明白，便向前道：「貴縣理宜派轎前往。」縣官道：「那是理當。」此時包旺已知有了公子的下落，就要跟隨前往。趙虎也要跟，蔣爺攔住道：「你我奉相命，各有專司，比不得包旺，他是當去的。咱們還是在此等候便了。」趙虎道：「四哥說得有理，咱們就在此等罷。」差役魏頭兒聽得明白方才放心。

只見寧婆道：「婆子回稟老爺，既叫婆子引路，他們轎夫腿快如何跟得上？與其空轎抬著，莫若婆子坐上，又引了路又不誤事，又叫包公子看看，知是太老爺敬公子之意。」

縣官見她是個正直穩實的老婆兒，即吩咐：「既如此，你即押轎前往。」未識如何，且聽下回分解。

# 第五十三回　蔣義士二上翠雲峰　展南俠初到陷空島

且說縣尹吩咐寧婆坐轎去接，那轎夫頭兒悄悄說：「老寧阿，你太受用了。你坐過這個轎嗎？」婆子說：「你夾著你那個嘴罷。就是這個轎子，告訴你說罷，姐姐連這回坐了三次了。」

轎夫頭兒聽了也笑了，吩咐摘桿。寧婆邁進轎桿，身子往後一退，腰兒一哈，頭兒一低便坐上了。眾轎夫俱各笑道：「瞧不起他真有門兒。」寧婆道：「唔！你打量媽媽是個怯條子呢。孩子們給安上扶手。你們若走得好了，我還要賞你們穩轎錢呢。」此時包旺已然乘馬，又派四名衙役跟隨，簇擁著去了。

縣官立刻升堂，將宋升帶上，說他誣告良人，掌了十個嘴巴，逐出衙外。即吩咐帶方善。方善上堂，太爺令去刑具，將話言明，又安慰了他幾句，學究見縣官如此看待，又想不到與貴公子聯姻，心中快樂之極，滿口應承：「見了公子，定當替老父台分解。」縣官吩咐看座。大家俱各在公堂等候。

　　不多時三公子來到。縣官出迎，蔣、張、趙三位亦皆迎了出來。公子即要下轎，因是初癒，縣官吩咐抬至當堂。蔣平等亦俱參見。三公子下轎，彼此各有多少謙遜的言詞。公子向方善又說了多少感激的話頭。縣官將公子讓至書房，備辦酒席，大家讓座。三公子與方善上坐，蔣爺與張、趙左右相陪，縣官坐了主位。包旺自有別人款待，飲酒敘話。

　　縣官道：「敝境出此惡事，幸將各犯拿獲。惟鄧九如不見屍身，武平安雖說他已死，此事還須細查。相爺跟前還望公子善言。」公子滿口應承，卻又託付照應舍親方夫子並寧媽媽。惟有蔣平等因奉相諭訪查韓彰之事，說明他三人還要到翠雲峰探聽探聽，然後再與公子一同進京，就請公子暫在衙內將養。

　　他等也不待席終，便先告辭去了。這裡方先生辭了公子，先回家看視女兒玉芝，又與寧媽媽道乏。他父女歡喜之至自不必說。三公子處自有包旺精心服侍。縣官除辦公事，有閒暇之時必來與公子閒談，一切周旋自不必細表。

　　且說蔣平等三人復又來至翠雲峰靈佑寺廟內，見了和尚，先打聽韓二爺來了不曾。和尚說道：「三位來的不巧，韓二爺昨日就來，與老母祭掃墳墓，今早就走了。」三人聽了，不由

的一怔。蔣爺道：「我二哥可曾提往哪裡去麼？」和尚說：「小僧已曾問過，韓爺說『丈夫以天地為家，焉有定蹤。』信步行去，不知去向。」蔣爺聽了，半晌嘆了一口氣道：「此事雖是我做的不好，然而皆因五弟而起，致令二哥飄泊無定，如今鬧得連一個居址之處也是無有。這便如何是好呢？」張龍說：「四兄不必為難。咱們且在這方近左右訪查訪查，再做理會。」蔣平無奈，只得說道：「小弟還要到韓老伯母墳前看看，莫若一同前往。」說罷三人離了靈佑寺，慢慢來到墓前，果見有新化的紙灰。蔣平對著荒丘又嘆息了一番，將身跪倒拜了四拜。真個是乘興而來敗興而返。趙虎說：「既找不著韓二哥，咱們還是早回平縣為是。」蔣平道：「今日天氣已晚，趕不及了，只好仍在廟中居住，瞬早回縣便了。」三人復回至廟中同住在雲堂之內，次日即回平縣而去。

你道韓爺果真走了麼？他卻仍在廟內，故意告訴和尚，倘若他等找來你就如此如此的答對他們。他卻在和尚屋內住了。偏偏此次趙虎務叫蔣爺在雲堂居住，因此失了機會。不必細述。

且言蔣爺三人回至平縣，見了三公子，說明未遇韓彰，只得且回東京，定於明日同三公子起身。縣官仍用轎子送公子進京，已將旅店行李取來，派了四名衙役。卻先到了方先生家，敘了翁婿之情，言明到了開封稟明相爺，即行納聘。又將寧媽

媽請來道乏，那婆子樂了個樂不可支。然後大家方才動身，竟
奔東京而來。

　　一日來到京師。進城之時蔣、張、趙三人一拍坐騎，先到
了開封進署見過相爺，先回明未遇韓彰後，將公子遇難之事從
頭至尾說了一遍。相爺叫他們俱各歇息去了。不多時三公子來
到，參見了包公。包公問他如何遇害。三公子又將已往情由細
述了一番。事雖凶險，包公見三公子面上毫不露遭凶逢險之態，
惟獨提到鄧九如深加愛惜。包公察公子的神情氣色心地志向，
甚是合心。公子又將方善被誣，情願聯姻，侄兒因受他大恩，
擅定姻盟的事也說了一遍。包公疼愛公子，滿應全在自己身上。
三公子又贊平縣縣官很為侄兒費心，不但備了轎子送來，又派
四名衙役護送。包公聽了立刻吩咐賞隨來的衙役轎夫銀兩並寫
回信道乏道謝。

　　不幾日間，平縣將武平安、劉豸、劉獬一同解到。包公又
審訊了一番，與原供相符，便將武平安也用狗頭鍘鍘了，將劉
豸、劉獬定了斬監候。此案結後，包公即派包興備了聘禮，即
行接取方善父女送至合肥縣小包村，將玉芝小姐交付大夫人，
好生看待，候三公子考試之後再行授室。自己具了稟帖，回明
瞭太老爺、太夫人、大兄嫂、二兄嫂，聯此婚姻皆是自己的主
意，並不提及三公子私定一節。三公子又叫包興暗暗訪查鄧九

221

如的下落。方老先生自到了包家村，獨獨與寧老先生合的來，也是前生的緣分。包公又派人查買了一頃田，紋銀百兩，庫緞四匹，賞給寧婆以為養老之資。

　　且言蔣平自那日來到開封，到了公所，諸位英雄俱各見了，單單不見了南俠，心中就有些疑惑，連忙問道：「展大哥哪裡去了？」盧方說：「三日前起了路引，上松江去了。」蔣爺聽了著急道：「這是誰叫展兄去的？大家為何不攔阻他呢？」公孫先生說：「劣兄攔至再三，展大哥斷不依從。自己見了相爺，起了路引，他就走了。」蔣平聽了跌足道：「這又是小弟多話不是了。」王朝問道：「如何是四弟多話的不是呢？」蔣平說：「大哥想，前次小弟說的言語，叫展大哥等我等找了韓二哥回來，做為內應，句句原是實話；不料展大哥錯會了意了，當做激他的言語，竟自一人前去。眾位兄弟有所不知，我那五弟做事有些詭詐。展大哥此去若有差池，這豈不是小弟多說的不是了麼？」王朝聽了便不言語。蔣平又說：「此次小弟沒有找著二哥，昨在路上又想了個計較。原打算我與盧大哥、徐三哥約會著展兄同到茉花村找著雙俠丁家二弟兄，大家商量個主意，找著老五，要了三寶，一同前來，以了此案。不想展大哥竟自一人走了。此事倒要大費周折了。」公孫策說：「依四弟怎麼樣呢？」蔣爺道：「再無別的主意，只好我弟兄三人明日稟明相爺，且到茉花村見機行事便了。」大家聞聽深以為然。這且

不言。

　　原來南俠忍心耐性，等了蔣平幾天，不見回來，自己暗想道：「蔣澤長話語帶激，我若真個等他，顯見我展某非他等不行。莫若回明恩相，起個路引，單人獨騎前去。」於是。展爺就回明此事，帶了路引，來至松江府，投書要見太守。太守連忙請至書房。展爺見這太守年紀不過三旬，旁邊站一老管家。正與太守談話時，忽見一個婆子把展爺看了看，便向老管家招手兒。管家退出，二人咬耳。管家點頭後便進來向太守耳邊說了幾句，回身退出。太守即請展爺到後面書房敘話。展爺不解何意，只得來至後面。剛然坐下，只見丫鬟僕婦簇擁著一位夫人，見了展爺，連忙納頭便拜，連太守等俱各跪下。展爺不知所措，連忙伏身還禮不迭，心中好生納悶。忽聽太守道：「恩人，我非別個，名喚田起元，賤內就是金玉仙。多蒙恩公搭救脫離了大難後，因考試得中即以外任擢用。不幾年間，如今叨恩公福庇，已做太守，皆出於恩公所賜。」展爺聽了方才明白，即請夫人迴避。連老管家田忠與妻楊氏俱各與展爺叩頭。展爺並皆扶起，仍然至外書房。已備得酒席。

　　飲酒之間，田太守因問道：「恩公到陷空島何事？」展爺便將奉命捉欽犯白玉堂一一說明。田太守吃驚道：「聞得陷空島道路崎嶇山勢險惡。恩公一人如何去得？況白玉堂又是極有

本領之人，他既歸入山中，難免埋伏圈套。恩公須熟思之方好。」展爺道：「我與白玉堂雖無深交，卻是道義相通，平素又無仇隙。見了他時也不過以『義』字感化於他。他若省悟，同赴開封府，了結此案。並不是諄諄與他對壘，以死相拚的主意。」太守聽了略覺放心。展爺又道：「如今奉懇太守，倘得一人熟識路境，帶我到盧家莊，足見厚情。」太守連連應允：「有有。」即叫田忠將觀察頭領余彪喚來。不多時余彪來到。見此人有五旬年紀，身量高大，參見太守又與展爺見了禮。便備辦船隻約於初鼓起身。

展爺用畢飯，略為歇息，天已掌燈。急急扎束停當，別了太守，同余彪登舟，撐至盧家莊，到飛峰嶺下將舟停住。展爺告訴余彪說：「你在此探聽，三日如無音信，即刻回府稟告太守。候過旬日，我若不到府中，即刻到開封府便了。」余彪領命。

展爺棄舟上嶺。此時已有二鼓，趁著月色來至盧家莊。只見一帶高牆極其堅固。見有哨門，是個大柵欄關閉，推了推卻是鎖著。彎腰撿了一塊石片敲著柵欄高聲叫道：「裡面有人麼？」只聽裡面應道：「什麼人？」展爺道：「俺姓展特來拜訪你家五員外。」裡面道：「莫不是南俠稱『御貓』護衛展老爺麼？」展爺道：「正是。你家員外可在家麼？」

裡面的道：「在家、在家。等了展老爺好些日了。略為少待容我崇報。」展爺在外呆等多時，總不見出來，一時性發又敲又叫。忽聽從西邊來了一個人，聲音卻是醉了的一般，嘟嘟嚷嚷道：「你是誰啊？半夜三更這麼大呼小叫的，連點規矩也沒有。你若等不得，你敢進來算你是好的。」說罷他卻走了。

展爺不由地大怒暗道：「可惡！這些莊丁們豈有此理！這明是白玉堂吩咐故意激怒於我。諒他縱有埋伏吾何懼哉？」

想罷將手扳住柵欄，一翻身，兩腳飄起，倒垂勢用腳扣住，將手一鬆，身體捲起，斜刺裡抓住牆頭，兩腳一躬上了牆頭。

往下窺看卻是平地。恐有埋伏卻又投石問了一問，方才轉身落下；竟奔廣梁大門而來。仔細看時卻是封鎖，從門縫裡觀時，黑漆漆諸物莫睹。又到兩旁房裡看了看，連個人影兒也無，只得復往西去。又見一個廣梁大門與這邊的一樣。上了台階一看，雙門大開，門洞底下天花板上高懸鐵絲燈籠，上面有朱紅的「大門」二字。迎面影壁上掛著一個絹燈上寫「迎祥」二字。展爺暗道：「姓白的必是在此了。待我進去看看如何。」一面邁步一面留神，卻用腳尖點地而行。轉過影壁，早見垂花二門，迎面四扇屏風，上掛方角絹燈，四個也是紅字「元享利貞」。

這二門又覺比外面高了些。展爺只得上了台階，進了二門，仍是滑步而行。正中五間廳房卻無燈光，只見東角門內隱隱透出亮兒來，不知是何所在。展爺即來到東角門內，又有台階比二門又覺高些。展爺猛然省悟，暗道：「是了。他這房子一層高似一層，竟是隨山勢蓋的。」

上了台階，往裡一看見，東面一溜五間平台軒子，俱是燈燭輝煌，門卻開在盡北頭。展爺暗說：「這是什麼樣子？好好五間平台，如何不在正中間開門，在北間開門呢？可見山野與人家住房不同，只知任性不論樣式。」心中想著，早已來至遊廊。

到了北頭，見開門處是一個子口風窗。將滑子撥開，往懷裡一帶，覺得甚緊，只聽咯當當咯當當亂響。開門時見迎面有桌，兩邊有椅，早見一人進裡間屋去了，並且看見衣衿是松綠的花氅。展爺暗道：「這必是白老五不肯見我，躲向裡間去了。」連忙滑步跟入裡間，掀起軟簾，又見那人進了第三間，卻露了半面頰，是玉堂形景。又有一個軟簾相隔。展爺暗道：「到了此時，你縱然羞愧見我，難道你還跑得出這五間軒子去不成？」趕緊一步，已到門口，掀起軟簾一看，這三間卻是通枒。燈光照耀真切，見他背面而立，頭戴武生巾，身穿花氅，露著藕色襯袍，足下官靴，儼然白玉堂一般。展爺呼道：「五

賢弟請了。何妨相見。」呼之不應，及至向前一拉，那人轉過身來，卻是一個燈草做的假人。展爺說聲：「不好！我中計也。」

　　未知如何，且聽下回分解。

# 第五十四回　通天窟南俠逢郭老　蘆花蕩北岸獲胡奇

　　且說展爺見是假人，已知中計，才待轉身，哪知早將鎖簧踏著，蹬翻了木板，落將下去。只聽一陣鑼聲亂響，外面眾人嚷道：「得咧！得咧！」原來木板之下半空中懸著一個皮兜子，四面皆是活套，只要掉在裡面往下一沉，四面的網套兒往下一攏，有一根大絨繩總結扣住，再也不能扎掙。

　　原來五間軒子猶如樓房一般，早有人從下面東明兒開了隔扇進來。無數莊丁將絨繩繫下，先把寶劍摘下來後，把展爺捆縛住了。捆縛之時，說了無數的刻薄挖苦話兒。展爺到了此時，只好置若罔聞一言不發。又聽有個莊丁說：「咱們員外同客飲酒正入醉鄉。此時天有三鼓，暫且不必回稟。且把他押在通天窟內收起來。我先去找著何頭兒，將這寶劍交明，然後再去回話。」說罷推推擁擁的往南而去。

　　走不多時只見有個石門，卻是由山根開鑿出來的。雖是雙門卻是一扇活的，那一扇隨石的假門。假門上有個大銅環。

　　莊丁上前用力把銅環一拉，上面有消息，將那扇活門撐開，剛剛進去一人，便把展爺推進去。莊丁一鬆手，銅環往回裡一拽，那扇門就關上了。此門非從外面拉環，是再不能開的。

　　展爺到了裡面，覺得冷森森一股寒氣侵人。原來裡面是個嘎嘎形兒，全無抓手，用油灰抹亮，惟獨當中卻有一縫，望時可以見天。展爺明白叫通天窟。藉著天光，又見有一小橫匾，上寫「氣死貓」三個紅字，匾是粉白地的。展爺到了此時，不覺長嘆一聲道：「哎！我展熊飛枉自受了朝廷的四品護衛之職，不想今日誤中奸謀，被擒在此。」剛然說完，只聽有人叫苦，把個展爺倒嚇了一跳忙問道：「你是何人？快說！」那人道：「小人姓郭名彰，乃鎮江人氏。只因帶了女兒上瓜州投親，不想在渡船遇見頭領胡烈，將我父女搶至莊上，欲要將我女兒與什麼五員外為妻。我說我女兒已有人家，今到瓜州投親就是為完此事。誰知胡烈聽了登時翻臉，說小人不識抬舉，就把我捆起來監禁在此。」展爺聽罷，怒沖牛斗，一聲怪叫道：「好白玉堂啊！你做的好事，你還稱什麼義士！你只是綠林強寇一般。我展熊飛倘能出此陷阱，我與你誓不兩立！」郭彰又問了問展爺因何至此，展爺便說了一遍。

　　忽聽外面嚷道：「帶刺客！帶刺客！員外立等。」此時已交四鼓，早見呼嚕嚕石門已開。展爺正要見白玉堂述他罪惡替

229

郭老辯冤，急忙出來問道：「你們員外可是白玉堂？我正要見他！」氣忿忿的邁開大步，跟莊丁來至廳房以內。見燈燭光明，迎面設著酒筵，上面坐一人，白面微鬚，卻是白面判官柳青，旁邊陪坐的正是白玉堂。他明知展爺已到，故意的大言不慚談笑自若。展爺見此光景如何按捺得住，雙眼一瞪一聲吆喝道：「白玉堂！你將俺展某獲住便要怎麼？講！」白玉堂方才回過頭來，佯作吃驚道：「哎呀！原來是展兄。手下人如何回我說是刺客呢？實在不知。」連忙過來親解其縛，又謝罪道：「小弟實實不知展兄駕到。只說擒住刺客，不料卻是『御貓』，真是意想不到之事。」又向柳青道：「柳兄不認得麼？此位便是南俠展熊飛，現授四品護衛之職，好本領好劍法，天子親賜封號『御描』的便是。」展爺聽了冷笑道：「可見山野的綠林，無知的草寇，不知法紀。你非君上亦非官長，何敢妄言，『刺客』二字說的無倫無理。這也不用苛責於你。但只是我展某今日誤墮於你等小巧奸術之中，遭擒被獲。可惜我展某時乖運蹇，未能遇害於光明磊落之場，竟自葬送在山賊強徒之手，乃展某之大不幸也！」白玉堂聽了此言，心中以為展爺是氣忿的話頭，他卻嘻嘻笑道：「小弟白玉堂行俠尚義，從不打劫搶掠，展兄何故口口聲聲呼小弟為山賊盜寇？此言太過，小弟實實不解。」展爺惡唾一口道：「你此話哄誰？既不打劫搶掠，為何將郭老兒父女搶來硬要霸佔人家有婿之女？那老兒不允你便把他囚禁在通天窟內。似此行為，非強寇而何？還敢大言不慚，說『俠

義』二字，豈不令人活活羞死，活活笑死！」玉堂聽了，驚駭非常道：「展兄此事從何說起？」展爺便將在通天窟遇郭老的話說了一遍。白玉堂道：「既有胡烈，此事便好辦了。展兄請坐待小弟，立剖此事。」急令人將郭彰帶來。

不多時郭彰來到。伴當對他指著白玉堂道：「這是我家五員外。」郭老連忙跪倒，向上叩頭口稱：「大王爺爺饒命嚇！饒命！」展爺在旁聽了呼他大王，不由哈哈大笑，忿恨難當。白玉堂卻笑著道：「那老兒不要害怕。我非山賊盜寇，不是什麼大王、寨主。」伴當在旁道：「你稱呼員外。」郭老道：「員外在上，聽小老兒訴稟。」便將帶領女兒上瓜州投親，被胡烈截住，為給員外提親，因未允，將小老兒囚禁在山洞之內，細細說了一遍。玉堂道：「你女兒現在何處？」郭彰道：「聽胡烈說將我女兒交在後面去，不知是何去處。」白玉堂立刻叫伴當近前道：「你去將胡烈好好喚來，不許提郭老者之事。倘有洩露，立追狗命。」伴當答應即時奉命去了。

少時同胡烈到來。胡烈面有得色；參見已畢。白玉堂已將郭老帶在一邊，笑容滿面道：「胡頭兒，你連日辛苦了。這幾日船上可有甚麼事情沒有？」胡烈道：「並無別事。小人正要回稟員外，只因昨日有父女二人乘舟過渡，小人見他女兒頗有姿色，卻與員外年紀相仿。小人見員外無家室，意欲將此女留

下,與員外成其美事,不知員外意下如何?」說罷滿面忻然,似乎得意。白玉堂聽了胡烈一片言語,並不動氣反倒哈哈大笑道:「不想胡頭兒你竟為我如此掛心。但只一件,你來的不多日期,如何深得我心呢?」原來胡烈他是弟兄兩個,兄弟名叫胡奇,皆是柳青新近薦過來的。只聽胡烈道:「小人既來伺候員外,必當盡心報效;倘若不秉天良,還敢望員外疼愛?」胡烈說至此,以為必合白玉堂之心。他哪知玉堂狠毒至甚,耐著性兒道:「好好真正難為你。此事可是我素來有這個意思,還是別人告訴你的呢,還是你自己的生意呢?」胡烈此時惟恐別人爭功,連忙道:「是小人自己巴結,一團美意,不用員外吩咐,也無別人告訴。」白玉堂回頭向展爺道:「展兄可聽明白了?」展爺已知胡烈所為,便不言語。白玉堂又問:「此女現在何處?」胡烈道:「已交小人妻子好生看待。」白玉堂道:「很好。」喜笑顏開湊至胡烈跟前,冷不防用了個沖天炮泰山勢,將胡烈踢倒,急掣寶劍將胡烈左膀砍傷,疼得個胡烈滿地打滾。上面柳青看了,白臉上青一塊紅一塊,心中好生難受,又不敢勸解,又不敢攔阻。只聽白玉堂吩咐伴當將胡烈搭下去,明日交松江府辦理。立刻喚伴當到後面將郭老女兒增嬌,叫丫鬟領至廳上,當面交與郭彰。又問他還有什麼東西。郭彰道:「還有兩個棕箱。」白爺連忙命人即刻抬來,叫他當面點明。郭彰道:「鑰匙現在小老兒身上,箱子是不用檢點的。」白爺叫伴當取了二十兩銀子,賞了郭老。又派了頭領何壽帶領水手

二名，用妥船將他父女二人連夜送至瓜州，不可有誤。郭彰千恩萬謝而去。

　　此時已交五鼓。這裡白爺笑盈盈地道：「展兄，此事若非兄台被擒在山窟之內，小弟如何知道胡烈所為。險些兒壞了小弟名頭。但小弟的私事已結，只是展兄的官事如何呢？展兄此來必是奉相諭叫小弟跟隨入都。但是我白某就這樣隨了兄台去嗎？」展爺道：「依你便怎麼樣呢？」玉堂道：「也無別的。小弟既將三寶盜來，如今展兄必須將三寶盜去。倘能如此，小弟甘拜下風，情願跟隨展兄上開封府去；如不能時展兄也就不必再上陷空島了。」此話說至此，明露著叫展爺從此後隱姓埋名，再也不必上開封府了。展爺聽了連聲道：「很好很好。我需要問明在於何日盜寶？」白玉堂道：「日期近了、少了顯得為難展兄。如今定下十日限期；過了十日，展兄只可悄地回開封府罷。」展爺道：「誰與你鬥口？俺展熊飛只定於三日內就要得回三寶。那時不要改口。」玉堂道：「如此很好。若要改口，豈是丈夫所為。」說罷彼此擊掌。白爺又叫伴當將展爺送到通天窟內。可憐南俠被禁在山洞之內，手中又無利刃，如何能夠脫此陷阱。暫且不表。

　　再說郭彰父女跟隨何壽來到船艙之內，何壽坐在船頭順流而下。郭彰悄悄向女兒增嬌道：「你被掠之後在於何處？」

233

增嬌道：「是姓胡的將女兒交與他妻子，看承的頗好。」又問：「爹爹如何見的大王就能夠釋放呢？」郭老便將在山洞內遇見開封府護衛展老爺號「御貓」的：「多虧他見了員外，也不知是什麼大王，分析明白才得釋放。」增嬌聽了感念展爺之至。

正在談論之際，忽聽後面聲言：「頭裡船不要走了，五員外還有話呢。快些攏住啊！」何壽聽了有些遲疑道：「方纔員外吩咐明白了，如何又有話說呢？難道此事反悔了不成？若真如此不但對不過姓展的，連姓柳的但對不住了。慢說他等，就是我何壽以後也就瞧不起他了。」只見那隻船弩箭一般，及至切近，見一人噗地一聲跳上船來。趁著月色看時，卻是胡奇，手持利刃，怒目橫眉道：「何頭兒且將他父女留下，俺要替哥哥報仇！」何壽道：「胡二哥此言差矣。此事原是令兄不是，與他父女何干？再者我奉員外之命送他父女，如何私自留下與你？有什麼話你找員外去，莫要耽延我的事體。」胡奇聽了，一瞪眼，一聲怪叫道：「何壽！你敢不與我留下麼？」何壽道：「不留便怎麼樣？」胡奇舉起朴刀就砍將下來。何壽卻未防備，不曾帶得利刃，一哈腰提起一塊船板將刀迎住。此時郭彰父女在艙內疊疊連聲喊叫：「救人啊！救人！」胡奇與何壽動手，究竟跳板輪轉太笨，何壽看看不敵，可巧腳下一滋，就勢落下

水去。兩個水手一見，噗咚噗咚，也跳在水內。胡奇滿心得意，郭彰五內著急。

忽見上流頭趕下一隻快船，上有五六個人，已離此船不遠，聲聲喝道：「你這廝不知規矩！俺這蘆花蕩從不害人。你是晚生後輩啊，為何擅敢害人，壞人名頭？俺來也！你往哪裡跑？」

將身一縱，要跳過船來。不想船離過遠，腳剛踏著船邊，胡奇用朴刀一撥，那人將身一閃，只聽噗咚一聲也落下水去。船已臨近。上面「颼颼颼」跳過三人，將胡奇裹住，各舉兵刃。好胡奇！力敵三人全無懼怯。誰知那個先落水的探出頭來，偷看熱鬧。見三個夥伴逼住胡奇，看看離自己不遠，他卻用兩手把胡奇的踝子骨揪住，往下一攏，只聽噗咚掉在水內。

那人卻提定兩腳不放，忙用鉤篙搭住，拽上船來捆好，頭向下腳朝上，且自控水。眾人七手八腳，連郭彰父女船隻駕起，竟奔蘆花蕩而來。

原來此船乃丁家夜巡船，因聽見有人呼救，急急向前，不料拿住胡奇，救了郭老父女。趕至泊岸，胡奇已醒，雖然喝了兩口水，無甚要緊。大家將他扶在岸上；推擁進莊。又著一個年老之人。背定郭增嬌，著個少年有力的背了郭彰，一同到了

茉花樹。先著人通報大官人二官人去。此時天有五鼓之半。這也是兆蘭、兆蕙，素日吩咐的，倘有緊急之事，無論三更半夜，只管通報，絕不嗔怪。今日弟兄二人聽見拿住個私行劫掠，謀害人命的，卻在南蕩境內，幸喜擒來，救了父女二人，連忙來到待客廳上。先把增嬌交在小姐月華處，然後將郭彰帶上來細細追問情由。又將胡奇來歷問明，方知他是新近來的，怨得不知規矩則例。正在訊問間，忽見丫鬟進來道：「太太叫二位官人呢。」不知丁母為著何事，且聽下回分解。

# 第五十五回　透消息遭困螺螄軒　設機謀夜投蚯蚓嶺

且說丁家弟兄聽見丁母叫他二人說話，大爺道：「原叫將此女交在妹子處，惟恐夜深驚動老人家，為何太太卻知道了呢？」

二爺道：「不用猶疑，咱弟兄進去便知分曉了。」弟兄二人往後而來。

原來郭增嬌來到月華小姐處，眾丫鬟圍著她問。郭增嬌便將為何被掠，如何遭逢姓展的搭救。剛說至此，小姐的親近丫鬟就追問起姓展的是何等樣人。郭增嬌道：「聽說是什麼御貓兒，現在也被擒困住了。」丫鬟聽至展爺被擒，就告訴了小姐。小姐暗暗吃驚，就叫她悄悄回太太去，自己帶了郭增嬌來至太太房內。太太又細細地問了一番，暗自思道：「展姑爺既來到松江，為何不到茉花村反往陷空島去呢？或者是兆蘭、兆惠明知此事，卻暗暗的瞞著老身不成？」想至此疼女婿的心盛，立刻叫他二人。

及至兆蘭二人來至太太房中，見小姐躲出去了。丁母面上有些怒色，問道：「你妹夫展熊飛來至松江，如今已被人擒獲，你二人可知道麼？」兆蘭道：「孩兒等實實不知。只因方才問那老頭兒，方知展兄早已在陷空島呢。他其實並未上茉花村來。孩兒等再不敢撒謊的。」丁母道：「我也不管你們知道不知道。哪怕你們上陷空島跪門去呢，我只要我的好好女婿便了。我算是將姓展的交給你二人了，倘有差池，我是不依的。」兆蕙道：「孩兒與哥哥明日急急訪查就是了。請母親安歇罷。」二人連忙退出。

大爺道：「此事太太如何知道的這般快呢？」二爺道：「這明是妹子聽了那女子言語，趕著回太太。釁事全是妹子攛掇的，不然見了咱們進去，如何卻躲開了呢？」大爺聽了倒笑起來了。

二人來到廳上，即派妥當伴當四名，另備船隻將棕箱抬過來，護送郭彰父女上瓜州，務要送到本處，叫他親筆寫回信來。郭彰父女千恩萬謝的去了。

此時天已黎明。大爺便向二爺商議，以送胡奇為名，暗暗探訪南俠的消息。丁二爺深以為然。次日便備了船隻，帶上兩個伴當，押著胡奇並原來的船隻來至盧家莊內。早有人通知白

玉堂。白玉堂已得了何壽從水內回莊說胡奇替兄報仇之信；後又聽說胡奇被北蕩的人拿去，將郭彰父女救了，料定茉花村必有人前來。如今聽說丁大官人親送胡奇而來，心中早已明白，是為南俠不是專專的為胡奇。略為忖度，便有了主意，連忙迎出門來。各道寒暄，執手讓至廳房。又與柳青彼此見了。丁大爺先將胡奇交代。白玉堂自認失察之罪，又謝兆蘭護送之情。謙遜了半晌。大家就座。便吩咐將胡奇、胡烈一同送往松江府究治。即留丁大爺飲酒暢敘。兆蘭言語謹慎，毫不露於形色。

酒至半酣，丁大爺問起：「五弟一向在東京作何行止？」

白玉堂便誇張起來，如何寄簡留刀，如何忠烈祠題詩，如何萬壽山殺命，又如何攪擾龐太師，誤殺二妾，漸漸說至盜三寶回莊。「不想目下展熊飛自投羅網，已被擒獲。我念他是個俠義之人，以禮相待。誰知姓展的不懂交情，是我一怒將他一刀……」

剛說至此，只聽丁大爺不由地失聲道：「噯呀！」雖然「噯呀」出來卻連忙收神改口道：「賢弟，你此事卻鬧大了。豈不知姓展的他乃朝廷家的命官，現奉相爺包公之命前來，你若真要傷了他的性命，便是背叛，怎肯與你甘休。事體不妥，此事豈不是你鬧大了麼？」白玉堂笑吟吟地道：「別說朝廷不

肯甘休，包相爺那裡不依，就是丁兄昆仲大約也不肯與小弟甘去休罷？小弟雖然糊塗，也不至到如此田地。方纔之言特取笑耳。小弟已將展兄好好看承，候過幾日小弟將展兄交付仁兄便了。」

丁大爺原是個厚道之人，叫白玉堂這一番奚落，也就無的話可說了。

白玉堂卻將丁大爺暗暗拘留在螺螄軒內；左旋右轉再也不能出來。兆蘭卻也無可如何，又打聽不出展爺在於何處，整整的悶了一天。到了掌燈之後，將有初鼓，只見一老僕從軒後不知從何處過來，帶領著小主約有八九歲，長得方面大耳，面龐兒頗似盧方。那老僕向前參見了丁大爺。又對小主說道：「此位便是茉花村丁大員外。」小主上前拜見。只見這小孩子深深打了一恭，口稱：「丁叔父在上，侄兒盧珍拜見。奉母親之命特來與叔父送信。」丁兆蘭已知是盧方之子，連忙還禮。

便問老僕道：「你主僕到此何事？」老僕道：「小人名叫焦能。只因奉主母之命，惟恐員外不信，待命小主跟來。我的主母說道，自從五員外回莊以後，每日不過早間進內請安一次，並不面見惟有傳話而已。所有內外之事，任意而為，毫無商酌，我家主母也不計較與他。誰知上次五員外把護衛展老爺拘留在

通天窟內。今聞得又把大員外拘留在螺螄軒內。此處非本莊人不能出入。恐怕耽誤日期，有傷護衛展老爺，故此特派小人送信。大員外須急急寫信，小人即刻送至茉花村交付二員外，早為計較方好。」又聽盧珍道：「家母多多拜上丁叔父。此事須要找著我爹爹，大家共同計議，方才妥當。叫侄兒告訴叔父，千萬不可遲疑，愈速愈妙。」丁大爺連連答應，立刻修起書來，交給焦能，連夜趕至茉花村投遞。焦能道：「小人須打聽五員外安歇了，抽空方好到茉花村去。不然恐五員外犯疑。」丁大爺點頭道：「既如此，隨你的便罷了。」又對盧珍道：「賢侄回去替我給你母親請安。就說一切事體我已盡知。是必趕緊辦理，再也不能耽延，勿庸掛念。」盧珍連連答應，同定焦能轉向後面，繞了幾個蝸角便不見了。

　　且說兆蕙在家，直等了哥哥一天，不見回來。至掌燈後；卻見跟去的兩個伴當回來說道：「大員外被白五爺留住了，要盤桓幾日方回來。再者大員外悄悄告訴小人說，展姑老爺尚然不知下落，需要細細訪查。叫告訴二員外，太太跟前就說展爺在盧家莊頗好，並沒什麼大事。」丁二爺聽了，點了點頭道：「是了，我知道了。你們歇著去罷。」兩個伴當去後，二爺細揣此事，好生的游疑。這一夜何曾合眼。

　　天未黎明，忽見莊丁進來報道：「今有盧家莊一個老僕名

241

叫焦能，說給咱們大員外送信來了。」二爺道：「將他帶進來。」

不多時焦能進參見已畢，將丁大爺的書信呈上。二爺先看書皮，卻是哥哥的親筆，然後開看，方知白玉堂將自己的哥哥拘留在螺螄軒內，不由得氣悶。心中一轉，又恐其中有詐，復又生起疑來：「別是他將我哥哥拘留住了，又來誆我來了罷。」

正在胡思，忽又見莊丁跑進來報道：「今有盧員外、徐員外、蔣員外俱各由東京而來，特來拜望，務祈一見。」二爺連聲道：「快請！」自己也就迎了出來。彼此相見，各敘闊別之情，讓至客廳。焦能早已上前參見。盧方便問道：「你為何在此？」

焦能將投書前來一一回明，二爺又將救了郭彰父女，方知展兄在陷空島被擒的話說了一遍。盧方剛要開言，只聽蔣平說道：「此事只好眾位哥哥們辛苦辛苦，小弟是要告病的。」二爺道：「四哥何出此言？」蔣平道：「咱們且到廳上再說。」

大家也不謙遜，盧方在前，依次來至廳上，歸座獻茶畢。

蔣平道：「不是小弟推諉。一來五弟與我不對勁兒，我要

露了面反為不美；二來我這幾日肚腹不調，多半是痢疾，一路
上大哥、三哥盡知。慢說我不當露面。就是眾哥哥們去也是暗
暗去，不可叫老五知道。不過設著法子救出展兄取了三寶。至
於老五不定拿得住他拿不住他，不定他歸服不歸服。巧咧，他
見事體不妥，他還會上開封府自行投首呢。要是那麼一行，不
但展大哥沒趣兒，就是大家都對不起相爺。那才是一網打盡把
咱們全著吃了呢。」二爺道：「四哥說的不差，五弟的脾氣竟
是有的。」徐慶道：「他若真要如此，叫他先吃我一頓好拳
頭。」

二爺笑道：「三哥獨來了，你也要摸得著五弟呀。」盧方
道：「似此，如之奈何？」蔣平道：「小弟雖不去，真個的連
個主意也不出麼？此事全在丁二弟身上。」二爺道：「四哥派
小弟差使，小弟焉敢違命。只是陷空島的路徑不熟，可怎麼樣
呢？」蔣平道：「這倒不妨。現有焦能在此，先叫他回去，省
得叫老五設疑。叫他於二鼓時在蚯蚓嶺接待丁二弟，指引路徑
如何？」二爺道：「如此甚妙。但不知派我什麼差使？」蔣平
道：「二弟你比大哥、三哥靈便，沉重就得你擔。先救展大哥，
其次取回三寶，你便同展大哥在五義廳的東竹林等候。大哥、
三哥在五義廳的西竹林等候。彼此會了齊，一擁而入，那時五
弟也就難以脫身了。」大家聽了，俱各歡喜。先打發焦能立刻
回去，叫他知會丁大爺放心，務於二更時在蚯蚓嶺等候丁二爺，

不可有誤。焦能領命去了。

　　這裡眾人飲酒吃飯，也有閒談的，也有歇息的，惟有蔣平攢眉擠眼的說肚腹不快，連酒飯也未曾好生吃。看看天色已晚。大家飽餐一頓，俱各裝束起來。盧大爺、徐三爺先行去了。

　　丁二爺吩咐伴當：「務要精心伺候四老爺。倘有不到之處，我要重責的。」蔣平道：「丁二賢弟只管放心前去。劣兄偶染微疾，不過歇息兩天就好了。賢弟治事要緊。」

　　丁二爺約有初鼓之後，別了蔣平，來至泊岸駕起小舟；竟奔蚯蚓嶺而來。到了臨期，辨了方向，與焦能所說無異。立刻棄舟上嶺，叫水手將小船放至蘆葦深處等候。兆蕙上得嶺來，見蜿蜒小路崎嶇難行，好容易上到高峰之處，卻不見焦能在此。二爺心下納悶暗道：「此時已有二鼓，焦能如何不來呢？」

　　就在平坦之地趁著月色往前面一望，便見碧澄澄一片清波，光華蕩漾，不覺詫異道：「原來此處還有如此的大水。」再細看時，洶湧異常，竟自無路可通。心中又是著急又是懊悔道：「早知此處有水，就不該在此約會，理當乘舟而入。又不見焦能，難道他們另有什麼詭計麼？」正在胡思亂想，忽見順流而下有一人竟奔前來。丁二爺留神一看，早聽見那人道：「二員

外早來了麼？恕老奴來遲。」兆蕙道：「來的可是焦管家麼？」

彼此相迎，來至一處。兆蕙道：「你如何踏水前來？」焦能道：「哪裡的水？」丁二爺道：「這一帶汪洋豈不是水？」焦能笑道：「二員外看差了。前面乃青石潭，此是我們員外隨著天然勢修成的。慢說夜間看著是水，就是白晝之間遠遠望去也是一片大水。但凡不知道的，早已繞著路往別處去了。惟獨本莊俱各知道，只管前進，極其平坦，全是一片一片青石砌成。二爺請看凡有波浪處全有石紋，這也是一半天然一半人力湊成的景致，故取名叫作青石潭。」說話間已然步下嶺來。

到了潭邊，丁二爺漫步試探而行，果然平坦無疑，心下暗暗稱奇，口內連說：「有趣有趣。」又聽焦能道：「過了青石潭，那邊有個立峰石。穿過松林便是上五義廳的正路。此處比進莊門近多了。員外記明白了，老奴也就要告退了，省得俺家五爺犯想生疑。」兆蕙道：「有勞管家指引，請治事罷。」只見焦能往斜刺裡小路而去。丁二爺放心前進，果見前面有個立峰石。過了石峰但見松柏參天，黑沉沉的一望無際。隱隱的見東北一點燈光，忽悠忽悠而來。轉眼間，又見正西一點燈光也奔這條路來。丁二爺便忖度必是巡更人，暗暗隱在樹後。正在兩燈對面，忽聽東北來的說道：「六哥，你此時往哪裡去？」又聽正西來的道：「什麼差使呢？冤不冤咧！弄了個姓展的放

在通天窟內。員外說李三一天一天的醉而不醒，醒而不醉的不放心。偏偏的派了我幫著他看守。方才員外派人送了一桌菜一罈酒給姓展的。我想他一個人也吃不了這些，也喝不了這些。我和李三兒商量商量，莫若給姓展的送進一半去，咱們留一半受用。誰知那姓展的不知好歹，他說菜是剩的，酒是渾的，罈子也摔了，盤子碗也砸了，還罵了個河涸海乾。老七你說可氣不可氣？因此我叫李三兒看著他，又醉得不能動了，我只得回員外一聲兒。這個差使我真幹不來。別的罷了，這個罵我真不能答應。老七你這時候往哪裡去？」那東北來的道：「六哥再休提起。如今咱們五員外也不知是怎麼咧。你才說弄了個姓展的，你還沒細打聽呢，我們那裡還有個姓柳的呢。如今又添上茉花村的丁大爺，天天一塊吃喝，吃喝完了把他們送往咱們那個瞞心昧己的窟兒裡一放，也不叫人家出來，又不叫人家走，彷彿怕洩了什麼天機似的。六哥你說咱們五員外脾氣兒改的還了得麼？目下又和姓柳的姓丁的喝呢。偏偏那姓柳的要瞧什麼三寶；故此我奉員外之命；特上連環窟去。六哥你不用抱怨了，此時差使只好當到那兒是那兒罷。等著咱們大員外來了再說罷。」正西的道：「可不是這麼呢，只好混罷。」說罷二人各執燈籠，分手散去。不知他二人是誰，且聽下回分解。

## 第五十六回　救妹夫巧離通天窟　獲三寶驚走白
玉堂

　　且說那正西來的姓姚，行六，外號兒搖晃山；那正東北來的姓費，行七，外號兒叫爬山蛇。他二人路上說話，不提防樹後有人竊聽。姚六走得遠了；這裡費七被丁二爺追上；從後面一伸手將脖項掐住，按倒在地道：「費七，你可認得我麼？」

　　費七細細一看道：「丁二爺，為何將小人擒住？」丁二爺道：「我且問你，通天窟在於何處？」費七道：「從此往西去不遠，往南一梢頭，使看見隨山勢的石門，那就是通天窟。」二爺道：「既如此，我和你借宗東西。將你的衣服腰脾借我一用。」費七連忙從腰間遞過腰牌道：「二員外你老讓我起來，我好脫衣裳呀。」丁二爺將他一提，攏住髮綹道：「快脫！」費七無奈，將衣裳脫下。丁二爺拿了他的褡包，又將他拉到背眼的去處。揀了一棵合抱的松樹，叫他將樹抱住，就用褡包捆縛結實。費七暗暗著急道：「不好，我別要栽了罷。」忽聽丁二爺道：「張開口！」早把一塊衣襟塞住道：「小子你在此等到天亮，橫豎有人前來救你。」費七哼了一聲，口中不能說，心裡卻道：「好德行！虧了這個天不甚涼；要是冬天早凍死了，

別人遠遠地瞧著，拿著我還當做旱魃呢。」

丁二爺此時已將腰牌掖起，披了衣服，竟奔通天窟而來。

果然隨山石門那邊又有草團瓢三間，已聽見有人唱：「有一個柳迎春哪，他在那個井呵，井呵，唔邊哪汲咪、汲咪水喲……」

丁二爺高聲叫道：「李三哥！李三哥！」只聽醉李道：「誰啊？讓我把這個巧腔兒唱完了阿。」早見他趔趄趔趄的出來，將二爺一看道：「哎呀，少會啊，尊駕是誰啊？」二爺道：「我姓費行七，是五員外新挑來的。」說話間已將腰牌取出給他看了。

醉李道：「老七休怪，哥哥說你這個小模樣子，伺候五員外，叫哥哥有點不放心啊。」丁二爺連忙喝道：「休得胡說！我奉員外之命，因姚六回了員外，說姓展的挑眼將酒飯摔砸了，員外不信，叫我將姓展的帶去與姚六質對質對。」醉李聽了道：「好兄弟，你快將這姓展的帶了去罷。他沒有一頓不鬧的，把姚六罵得不吐核兒，卻沒有罵我。什麼原故呢？我是不敢上前的。再者那個門我也拉不動它。」丁二爺道：「員外立等，你不開門怎麼樣呢？」醉李道：「七弟，勞你的駕罷，你把這邊

假門的銅環拿住了，往懷裡一帶，那邊的活門就開了。哥哥喝得成了個醉泡兒，哪裡有這樣的力氣呢？你拉門，哥哥叫姓展的好不好？」丁二爺道：「就是如此。」上前攬住銅環往懷裡一拉，輕輕的門就開了。醉李道：「老七好兄弟；你的手頭兒可以。怨得五員外把你挑上呢！」他又扒著石門道：「展老爺展老爺，我們員外請你老呢。」只見裡面出來一人道：「黥夜之間，你們員外又請我做什麼？難道我怕他有什麼埋伏麼？快走！快走！」

丁二爺見展爺出來，將手一鬆，那石門已然關閉。向前引路走不多遠，便煞住腳步，悄悄地道：「展兄可認得小弟麼？」展爺猛然聽見，方細細留神，認出是兆蕙，不勝歡喜道：「賢弟從何而來？」二爺便將眾兄弟俱各來了的話說了。又見迎面有燈光來了，他二人急閃入林。後見二人抬定一罈酒，前面是姚六，口中抱怨道：「真真的咱們員外也不知是安著什麼心，好酒好菜的供養著他，還討不出好來。也沒見這姓展的太不知好歹，成日價罵不絕口。」剛說至此恰恰離丁二爺不遠。二爺暗暗將腳一鉤，姚六往前一撲口中「啊呀」道：「不好！」咕咚、卡嚓、噗哧。「咕咚」是姚六趴下了，「卡嚓」是酒罈子砸了，「噗哧」是後面的人躺在撒的酒上了。丁二爺已將姚六按住。展爺早把那人提起。姚六認得丁二爺道：「二員外不干小人之事。」又見揪住那人的是展爺，連忙央告道：「展老爺，

也沒有他的事情。求二位爺饒恕。」展爺道：「你等不要害怕，斷不傷害你等。」二爺道：「雖然如此，卻放不得他們。」於是將他二人也捆縛在樹上，塞住了口。

然後展爺與丁二爺悄悄來至五義廳東竹林內。聽見白玉堂又派了親信伴當白福，快到連環窟催取三寶。展爺便悄悄地跟了白福而來。到了竹林衝要之地，展爺便煞住腳步，竟等截取三寶。

不多時，只見白福提著燈籠，托著包袱，嘴裡哼哼著唱灤州影。又形容幾句鑼鑼腔，末了兒改唱了一隻西皮二簀。他可一邊唱著，一邊回頭往後瞧，越唱越瞧得厲害，心中有些害怕，覺得身後次拉次拉地響。將燈往身後一照，仔細一看，卻是枳荊縈在衣襟之上，口中嘟囔道：「我說是什麼響呢？怪害怕的。原來是它呀！」連忙撂下燈籠，放下包袱，回身摘去枳荊。轉臉兒一看，燈籠滅了，包袱也不見了。這一驚非小。剛要找尋，早有人從背後抓住道：「白福你可認得我麼？」白福仔細看時，卻是展爺，連忙央告道：「展老爺，小人白福不敢得罪你老。這是何苦呢？」展爺道：「好小子，你放心，我斷不傷害於你。你需在此歇息歇息，再去不遲。」說話間已將他雙手背剪。白福道：「怎麼，我這麼歇息嗎？」展爺道：「你這麼著不舒服，莫若趴下。」將他兩腿往後一撩，手卻往前一按。白福如何站

得住，早已爬趴伏在地。展爺見旁邊有一塊石頭，端起來道：「我與你蓋上些兒，看夜靜了著了涼。」白福道：「啊呀！展老爺這個被兒太沉，小人不冷，不勞展老爺疼愛我。」展爺道：「動一動我瞧瞧。如若嫌輕，我再給你蓋上一個。」白福忙接言道：「展老爺小人就只蓋一個被的命，若是再蓋上一塊；小人就折受死了。」展爺料他也不能動了，便奔樹根之下來取包袱，誰知包袱卻不見了。展爺吃這一驚可也不小。

正在詫異間，只見那邊人影兒一晃，展爺趕步上前。只聽噗哧一聲那人笑了。展爺倒嚇了一跳，忙問道：「誰？」一邊問一邊著，原來是三爺徐慶。展爺便問：「三弟幾時來的？」

徐爺道：「小弟見展兄跟下他來，惟恐三寶有失，特來幫扶。不想展兄只顧給白福蓋被，卻把包袱拋露在此。若非小弟收藏，這包袱又不知落於何人之手了。」說話間便從那邊一塊石下將包袱掏出，遞給展爺。展爺道：「三弟如何知道此石之下可以藏得包袱呢？」徐爺道：「告訴大哥說，我把這陷空島大小去處凡有石塊之處或通或塞，別人皆不能知，小弟沒有不知道的。」展爺點頭道：「三弟真不愧穿山鼠。」

二人離了松林，竟奔五義廳而來。只見大廳之上，中間桌上設著酒席，丁大爺坐在上首，柳青坐在東邊，白玉堂坐在西

邊，左肋下帶著展爺的寶劍。見他前仰後合，也不知是真醉呀，也不知是假醉，信口開言道：「小弟告訴二位兄長，說總要叫姓展的服輸到地兒，或將他革了職，連包相也得處分，那時節小弟心滿意足，方才出這口惡氣。我只看將來我那些哥哥們怎麼見我？怎麼對得過開封府？」說罷哈哈大笑。上面丁兆蘭卻不言語。柳青在旁連聲誇讚。外面眾人俱各聽見，惟獨徐爺心中按捺不住，一時性起，手持利刃，竟奔廳上而來。進得門來，口中說道：「姓白的，先吃我一刀！」白玉堂正在那裡談的得意，忽見進來一人，手舉鋼刀，竟奔上來了，忙取腰間寶劍。罷咧，不知何時失去。誰知丁大爺見徐爺進來，白五爺正在出神之際，已將寶劍竊到手中。白玉堂因無寶劍，又見刀臨近，將身向旁邊一閃，將椅子舉起往上一迎。只聽啪地一聲，將椅背砍得粉碎。徐爺又掄刀砍來。白玉堂閃在一旁說道：「姓徐的，你先住手，我有話說。」徐爺聽了道：「你說！你說！」

白玉堂道：「我知你的來意。知道拿住展昭你會和丁家弟兄前來救他。但我有言在先，已向展昭言明，不拘時日，他如能盜回三寶，我必隨他到開封府去。他說只用三天即刻盜回。如今雖未滿限，他尚未將三寶盜回。你明知他斷不能盜回三寶，恐傷他的臉面。今仗著人多，欲將他救出。三寶也不要了，也不管姓展的，怎麼回復開封府，怎麼有顏見我。你們不要臉，難道姓展的也不要臉麼？」徐爺聞聽，哈哈大笑道：「姓白的

你還做夢呢。」即回身大叫：「展大哥，快將三寶拿來！」早
見展爺托定三寶，進了廳內，笑吟吟地道：「五弟，劣兄幸不
辱命，果然未出三日已將三寶取回，特來呈閱。」

　　白玉堂忽然見了展爺，心中納悶暗道：「他如何能出來
呢？」又見他手托三寶，外面包的包袱還是自己親手封的，一
點也不差，更覺詫異。又見盧大爺、丁二爺在廳外站立，心中
暗想道：「我如今要隨他們上開封府，又滅了我的銳氣；若不
同他們前往，又失卻前言。」正在為難之際，忽聽徐爺嚷道：
「姓白的，事到如今你又有何說？」白玉堂正無計脫身，聽見
徐爺之言，他便拿起砍傷了的椅子向徐爺打去。徐爺急忙閃過，
持刀砍來。白玉堂手無寸鐵，便將蔥綠氅脫下，從後身脊縫撕
為兩片，雙手掄起擋開利刃，急忙出了五義廳，竟奔西邊竹林
而去。盧方向前說道：「五弟且慢，愚兄有話與你相商。」

　　白玉堂並不答言，直往西去。丁二爺見盧大爺不肯相強，
也就不好追趕。只見徐爺持刀緊緊跟隨。白玉堂恐他趕上，到
了竹林密處，即將一片蔥綠氅搭在竹子之上。徐爺見了以為白
玉堂在此歇息，躡足潛蹤趕將上去，將身子往前一躥，往下一
按，一把抓住道：「老五呀，你還跑到哪裡去？」用手一提，
卻是一片綠氅，玉堂不知去向。此時白玉堂已出竹林，竟往後
山而去。看見立峰石，又將那片綠氅搭在石峰之上，他便越過

山去。這裡徐爺明知中計，又往後山追來。遠遠見玉堂在那裡站立，連忙上前仔細一看，卻是立峰石上搭著半片綠氅。已知玉堂去遠，追趕不及。暫且不表。

且說柳青正與白五爺飲酒，忽見徐慶等進來，徐爺就與白五爺交手。見他二人出了大廳就不見了，自己一想：「我若偷偷兒地溜了，對不住眾人；若與他等交手，斷不能取勝。到了此時，說不得乍著膽子，只好充一充朋友。」想罷將桌腿子卸下來，拿在手中嚷道：「你等既與白五弟在神前結盟，生死共之。既有今日，何必當初？真乃叫我柳某好笑！」說罷掄起桌腿向盧方就打。盧方一肚子的好氣，正無處可出，見柳青打來，正好拿他出出氣。見他臨近，並不招架，將身一閃躲過，卻使了個掃堂腿，只聽噗通一聲，柳青仰面跌倒。盧爺叫莊丁將他綁了。莊丁上前將柳青綁好。柳青白馥馥一張面皮，只羞得紫巍巍滿面通紅。好生難看。

盧方進了大廳，坐在上面。莊丁將柳青帶至廳上。柳青便將二目圓睜，嚷道：「盧方，敢將柳某怎麼樣？」盧爺道：「我若將你傷害，豈是我行俠尚義所為。所怪你者，實係過於多事兒。至我五弟所為之事，無須與你細談。」叫莊丁：「將他放了去罷！」柳青到了此時，走也不好，不走也不好。盧方道：「既放了你，你還不走，意欲何為？」柳青道：「走可不

254

走嗎？難道說我還等著吃早飯麼？」說著話搭搭訕訕的就溜之乎也。盧爺便向展爺、丁家弟兄說道：「你我仍需到竹林裡尋找五弟去。」展爺等說道：「大哥所言甚是。」正要前往，只見徐爺回來說道：「五弟業已過了後山，去的蹤影不見了。」盧爺跌足道：「眾位賢弟不知，我這後山之下乃松江的江汊子，越過水面那邊松江極是捷徑之路，外人皆不能到。五弟在山時他自己練就的獨龍橋，時常飛越往來，行如平地。」大家聽了。同聲道：「既有此橋，咱們何不追了他去呢？」盧方搖頭道：「去不得！去不得！名雖叫獨龍橋，卻不是橋，乃是一根大鐵鏈。有樁二根，一根在山根之下，一根在那泊岸之上，當中就是鐵鏈。五弟他因不知水性，他就生心暗練此橋，以為自己能夠在水上飛騰越過。也是五弟好勝之心，不想他閒時置下，竟為今日忙時用了。」眾人聽了俱各發怔。忽聽丁二爺道：「這可要應了蔣四哥的話了。」大家忙問什麼話。丁二爺道：「蔣四爺早已說過，五弟不是沒有心機之人，巧咧，他要自行投到，把眾弟兄們一網打盡。看他這個光景，當真的他要上開封府呢。」盧爺、展爺聽了，更覺為難道：「似此如之奈何？我們豈不白費了心麼？怎麼去見相爺呢？」丁二爺道：「這倒不妨。還好幸虧將三寶盜回，二位兄長亦可以交差，蓋的過臉兒去。」丁大爺道：「天已亮了。莫若俱到舍下，與蔣四哥共同商量個主意才好。」

盧爺吩咐水手預備船隻，同上茉花村。又派人到蚯蚓灣蘆葦深處告訴丁二爺，昨晚坐的小船也就回莊，不必在那裡等了。又派人到松江將姚六、費七、白福等放回來。丁二爺仍將湛盧寶劍交付展爺佩帶。盧爺進內略為安置，便一同上船竟奔茉花村去了。

且說白玉堂越過後牆，竟奔後山而來。到了山根之下以為飛身越過可到松江。仔細看時，這一驚非小。原來鐵鏈已斷，沉落水底。玉堂又是著急又是為難，又恐後面有人追來。忽聽蘆葦之中咿呀咿呀搖出一隻小小漁船。玉堂滿心歡喜，連忙喚道：「那漁船快向這邊來，將俺渡到那邊自有重謝。」

只見那船上搖櫓的卻是個年老之人，對著白玉堂道：「老漢以捕魚為生，清早利市不定得多少大魚。如今渡了客官，耽延工夫，豈不誤了生理？」玉堂道：「老丈你只管渡我過去。到了那邊，我加倍賞你如何？」漁翁道：「既如此，千萬不可食言。老漢渡你就是了。」說罷將船搖至山根。不知白玉堂上船不曾，且聽下回分解。

# 第五十七回　獨龍橋盟兄擒義弟　開封府恩相保賢豪

　　且說白玉堂縱身上船，那船就是一晃，漁翁連忙用篙點住道：「客官好不曉事。此船乃捕魚小船，俗名劃子。你如何用猛力一趁？幸專我用篙撐住，不然連我也就翻下水去了。好生的荒唐啊！」白玉堂原有心事，恐被人追上難以脫身；幸得此船肯渡他，雖然叨叨數落，卻也毫不介意。那漁翁慢慢地搖起船來，撐至江心，卻不動了，便發話道：「大清早起的，總要發個利市。再者俗語說的是，『船家不打過河錢』。客官有酒資拿出來，老漢方好渡你過去。」白玉堂道：「老丈，你只管渡我過去，我是從不失信的。」漁翁道：「難、難、難、難。口說無憑，多少總要信行的。」白玉堂暗道：「叵耐這廝可惡！偏我來得倉猝，並未帶得銀兩。也罷，且將我這件襯襖脫下給他。幸得裡面還有一件舊襯襖，尚可遮體。疾渡到那面，再作道理。」想罷，只得脫下襯襖道：「老丈，此衣足可典當幾貫錢鈔，難道你還不憑信麼？」漁翁接過，抖起來看道：「這件衣服若是典當了，可以比捕魚有些利息了。客官休怪，這是我們船家的規矩。」正說間，忽見那邊飛也似地趕了一隻漁船來，有人嚷道：「好啊，清早發利市，見者有份。需要沽酒請我

的。」

說話間，船已臨近。這邊的漁翁道：「什麼大利市，不過是件衣服。你看看，可典多少錢鈔？」說罷，便將衣服擲過。那漁人將衣服抖開一看道：「別管典當多少，足夠你我喝酒的了。老兄，你還不口頭饞麼？」漁翁道：「我正在思飲，咱們且吃酒去。」只聽颼地一聲，已然跳到那邊船上。那邊漁人將篙一支，登時飛也似地去了。

白玉堂見他們去了，白白的失去衣服，無奈何，自己將篙拿起來撐船。可煞作怪，那船不往前走，止在江心打轉兒。不多會，白玉堂累得通身是汗，喘吁不止。自己發恨道：「當初與其練那獨龍橋，何不下工夫練這漁船呢？今日也不至於受他的氣了。」正在抱怨，忽見小小艙內出來一人，頭戴斗笠，猛將斗笠摘下道：「五弟久違了。世上無有十全的人，也沒有十全的事，你抱怨怎的？」白玉堂一看，卻是蔣平，穿著水靠，不由地氣衝霄漢，一聲怪叫道：「啊呀，好病夫！那個是你五弟？」蔣爺道：「哥哥是病夫，好稱呼呀！這也罷了。當初叫你練練船隻，你總以為這沒要緊，必要練那出奇的玩意兒。到如今，你那獨龍橋哪裡去了？」白玉堂順手就是一篙，蔣平他就順手落下水去。白玉堂猛然省悟道：「不好，不好！他善識水性，我白玉堂必是被他暗算。」兩眼盡往水中注視。再將篙

撥船時，動也不動，只急得伸兩手扎煞。忽見蔣平露出頭來，把住船邊道：「老五啊，你喝水不喝？」

白玉堂未及答言，那船已然底兒朝天，把個錦毛鼠弄成水老鼠了。蔣平恐他過於喝多了水，不是當耍的，又恐他不喝一點兒水，也是難纏的；莫若叫他喝兩三口水，趁他昏迷之際，將就著到了茉花村就好說了。他左手揪住髮絡，右手托定腿窪，兩足踏水，不多時，即到北岸。見有小船三四隻在那裡等候。這是蔣平臨過河拆橋時就吩咐卜的。船上共有十數人，見蔣爺托定白玉堂，大家便嚷道：「來了！來了！四老爺成了功了。上這裡來。」蔣爺來至切近，將白玉堂往上一舉，眾水手接過，便要控水。蔣爺道：「不消，不消。你們大家把五爺寒鴉鳧水的背剪了，頭面朝下，用木槓即刻抬至茉花村。趕到那裡，大約五爺的水也控淨了，就甦醒過來了。」眾水手只得依命而行，七手八腳的捆了，用槓穿起，扯連扯連抬著個水淋淋的白玉堂，竟奔茉花村而來。

且說展熊飛向定盧方、徐慶，兆蘭、兆蕙相陪來至茉花村內。剛一進門，二爺便問伴當道：「蔣四爺可好些了？」伴當道：「蔣四爺於昨晚二員外起身之後，也就走了。」眾人詫異道：「往哪裡去了？」伴當道：「小人也曾問來，說：『四爺病著，往何去呢？』四爺說：『你不知道，我這病是沒要緊的。

259

皆因有個約會，等個人，卻是極要緊的。』小人也不敢深問，因此四爺就走了。」眾人聽了，心中納悶。惟獨盧爺著急道：「他的約會，我焉有不知的？從來沒有提起，好生令人不解。」

丁大爺道：「大哥不用著急。且到廳上坐下，大家再作商量。」

說話間，來至廳上。丁大爺先要去見丁母，眾人俱言：「代名請安。」展爺說：「俟事體消停，再去面見老母。」丁犬爺一一領命，進內去了。丁二爺吩咐伴當：「快快去預備酒飯。我們俱是鬧了一夜的了，又渴又餓。快些，快些！」伴當忙忙的傳往廚房去了。少時，丁大爺出來，又一一的替老母問了眾人，的好。又向展爺道：「家母聽見兄長來了，好生歡喜，言事情完了，還要見兄長呢。」展爺連連答應。早見伴當調開桌椅，安放杯箸。上面是盧方，其次展昭、徐慶，兆蘭、兆蕙在主位相陪。剛然入座，才待斟酒，忽見莊丁跑進來稟道：「蔣老爺回來了。把白五爺抬來了。」眾人聽了，又是驚駭，又是歡喜，連忙離座出廳，俱各迎將出來。

到了莊門，果見蔣四爺在那裡，吩咐把五爺放下，抽楔解縛。此時白玉堂已然吐出水來，雖然甦醒，尚不明白。盧方見他面目焦黃，渾身猶如水雞兒一般，不覺淚下。展爺早趕步上

前，將白玉堂扶著坐起，慢慢喚道：「五弟醒來，醒來。」不多時，只見白玉堂微睜二目，看了看展爺，復又閉上，半晌方嘟囔道：「好病夫啊！淹得我好！淹得我好！」說罷，「哇」地一聲，又吐出許多清水，心內方才明白了。睜眼往左右一看，見展爺蹲在身旁，見盧方在那裡拭淚，惟獨徐慶、蔣平二人，一個是怒目橫眉，一個是嬉皮笑臉。白玉堂看蔣爺，便要掙扎起來道：「好病夫啊，我是不能與你甘休的！」展爺連忙扶住道：「五弟，且看愚兄薄面。此事始終皆由展昭而起，五弟如有責備，你就責備展昭就是了。」丁家弟兄連忙上前，扶起玉堂說道：「五弟，且到廳上去，沐浴更衣後，有什麼話再說不遲。」

白玉堂低頭一看，見渾身連泥帶水，好生難看。又搭著處處皆濕，遍體難受得很，到此時，也沒了法子了，只得說：「小弟從命。」

大家步入莊門，進了廳房。丁二爺叫小童掀起套間軟簾，請白五爺進內。只見澡盆、浴布、香肥皂胰子、香豆面俱已放好。床上放著洋布汗褟、中衣、月白洋縐套褲、靴襪、綠花氅、月白衫襖、絲絛大紅繡花武生頭巾，樣樣俱是新的。又見小童端了一瓷盆熱水來，放在盆架之上。請白老爺坐了，打開髮纂，先將髮內泥土洗去，又換水添上香豆面，洗了一回，然後用木

梳通開，將髮纂挽好，紮好網巾。又見進來一個小童，提著一桶熱水，注在澡盒之內，請五老爺沐浴。兩個小童就去了。白玉堂即將濕衣脫去，坐在矮凳之上，周身洗了，用浴布擦乾，穿了中衣等件。又見小童進來，換了熱水，請五老爺淨面。然後穿了衣服，戴了武生巾，其衣服靴帽尺寸長短，如同自己的一樣，心中甚為感激丁氏弟兄。只是惱恨蔣平，心中忿忿。

　　只見丁二爺進來道：「五弟沐浴已畢，請到堂屋中談話飲酒。」白玉堂只得隨出。見他仍是怒容滿面，盧方等立起身來說：「五弟，這邊坐敘話。」玉堂也不言語。見方纔之人都在，惟不見蔣爺，心中納悶。只見丁二爺吩咐伴當擺酒。片時工夫，已擺得齊整，皆是美味佳餚。丁大爺擎杯，丁二爺執壺道：「五弟想已餓了，且吃一杯，暖一暖寒氣。」說罷，斟上酒來，向玉堂說：「五弟請用。」玉堂此時欲不飲此酒，怎奈腹中飢餓，不作臉的肚子咕嚕嚕地亂響，只得接杯一飲而盡。又斟了門杯，又給盧爺、展爺、徐爺斟了酒，大家入座。盧爺道：「五弟，已往之事，一概不必提了。無論誰的不是，皆是愚兄的不是。惟求五弟同到開封府，就是給為兄的作了臉了。」白玉堂聞聽，氣沖斗中，不好向盧方發作，只得說：「叫我上開封府萬萬不能。」展爺在旁插言道：「五弟不要如此。凡事必須三思而行，還是大哥所言不差。」玉堂道：「我管什麼『三思』、『四思』，橫豎我不上開封府去。」

　　展爺聽了玉堂之言，有許多的話要問他，又恐他有不顧情理之言，還是與他鬧是不鬧呢？正在思想之際，忽見蔣爺進來說：「姓白的，你過於任性了。當初你向展兄言明，盜回三寶！你就同他到開封府去。如今三寶取回，就該同他前往才是，即或你不肯同他前往，也該以情理相求，為何竟自逃走？不想又遇見我，救了你的性命，又虧丁兄給你換了衣服，如此看待，為的是成全朋友的義氣。你如今不到開封府，不但失信於展兄，而且對不住丁家弟兄。你義氣何在？」白玉堂聽了，氣得喊叫如雷，說：「好病夫呀！我與你勢不兩立了！」站起來就奔蔣爺拚命。丁家弟兄連忙上前攔住道：「五弟不可，有話慢說。」蔣爺笑道：「老五啊。我不與你打架。就是你打我，我也不還手。打死我，你給我償命。我早已知道，你是沒見過大世面的。如今聽你所說之言，真是沒見過大世面。」白玉堂道：「你說我沒見過大世面，你倒要說說我聽。」

　　蔣爺笑道：「你願聽？我就說與你聽。你說你到過皇宮內院，忠義祠題詩，萬壽山前殺命，奏摺內夾帶字條，太鬧龐府，殺了侍妾。你說這都是人所不能的。這原算不了奇特，這不過是你仗著有飛簷走壁之能，黑夜裡無人看見，就遇見了，皆是沒本領之人。這如何算得是大能幹呢？如何算得見過大世面呢？如若是見過世面，必須在光天化日之中，瞻仰過天子升殿：先

263

是金鐘聲響，後見左右宮門一開，帶刀護衛一對一對的按次序
而出，雁翼排班侍立，一個個真似天神一般。然後文武臣工步
上丹墀。分文東武西而立。丹墀下，御林軍俱佩帶綠皮鞘腰刀，
一個個雄赳赳、氣昂昂，接班而立。又聽金鞭三下響，正宮門
開處，先是提爐數對，見八人肩輿，上坐天子；後面龍鳳扇二
柄，緊緊相隨。再後是御前太監，蜂擁跟隨天子升殿。真是鴉
雀無聲，那一番嚴肅齊整，令人驚然。就是有不服王法的，到
了此時，也就骨軟筋酥。且慢說天子升殿，就是包相爺升堂問
事，那一番的威嚴，也令人可畏。未升堂之時，先是有名頭的
皂班、各項捕快、各項的刑具、各班的皂役，也是一班一班的
由角門而進，將鐵鏈夾棍各樣刑具往堂上一放，便陰風慘慘。
又有王、馬、張、趙，將御鍘請出，喊了堂威，左右排班侍立。
相爺從屏風後步入公座，那一番赤膽忠心、為國為民一派的正
氣，姓白的，你見了雖不至骨軟筋酥，也就威風頓減。這些話
彷彿我薄你。皆因你所為之事，都是黑夜之間，人皆睡著，由
著你的性兒，該殺的就殺，該偷的就偷，拿了走了。若在白晝
之間，這樣事全是不能行的。我說你沒見過大世面，所以不敢
上開封府去。就是這個原故。」

白玉堂不知蔣爺用的是激將，氣得他三屍神暴出；五陵豪
氣飛空，說：「好病夫！你把白某看作何等樣人？慢說是開封
府，就是刀山箭林，也是宴走走的！」蔣爺笑嘻嘻道：「老五

264

哇，這是你的真話呀，還是乍著膽子說的呢？」玉堂嚷道：
「這也算不了什麼大事，也不便與你撒謊！」蔣爺道：「你既
願意去，我還有話問你。這一起身，雖則同行，你萬一故意落
在後頭，我們可不能等你。你若從屎遁裡逃了，我們可不能找
你。還有一件事更要說明：你在皇宮內幹的事情，這個罪名非
同小可，到了開封府，見了相爺，必須小心謹慎，聽包相的鈞
諭，才是大丈夫所為。若是你仗著自己有飛簷走壁之能，血氣
之勇，不知規矩，口出胡言大話，就算不了行俠尚義英雄好漢，
就是個渾小子，也就不必上開封府去了。你就請罷！再也不必
出頭露面了。」白玉堂是個心高氣傲之人，如何能受得這些激
發之言，說：「病夫，如今我也不和你論長論短，俟到了開封
府，叫你看看白某是見過大世面還是沒有見過大世面，那時再
與你算賬便了。」蔣爺笑道：「結咧。看你的好好勁兒了。好
小！敢做敢當才是好漢呢！」兆蘭等恐他二人說翻了，連忙說
道：「放著酒不吃；說這些不要緊的話作什麼呢？」丁大爺斟
了一杯酒遞給玉堂。丁二爺斟了一杯酒遞與蔣平。二人一飲而
盡。然後大家歸座，又說了些閒話。白玉堂向著蔣爺道：「我
與你有何仇何恨？將我翻下水去，是何緣故？」蔣爺道：「五
弟，你說話太不公道。你想想，你做的事，哪一樣兒不屬害？
哪一樣兒留情分？甚至說話都叫人磨不開。就是今日，難道不
是你先將我一篙打下水去麼？幸虧我識水性，不然我就淹死了。
怎麼你倒惱我？我不冤死了麼？」說得眾人都笑起來了。丁二

爺道：「既往之事，不必再說。其若大家喝一回，吃了飯也該
歇息歇息了。」

說罷才要斟酒，展爺道：「二位賢弟且慢，愚兄有個道
理。」說罷，接過杯來，斟了一杯向玉堂道：「五弟，此事皆
因愚兄而起。其中卻有區別。今日當著眾位仁兄，賢弟俱各在
此，小弟說一句公平話，這件事實係五弟性傲之故，所以生出
這些事來。如今五弟既願到開封府去，無論何事，我展昭與五
弟榮辱共之。五弟信的及，就飲此一杯。」大家俱稱讚道：
「展兄言簡意深，真正痛快。」白玉堂接杯，一飲而盡道：
「展大哥，小弟與兄台本無仇隙，原是義氣相投的。誠然是小
弟少年無知。不服氣得起見。如到開封府，自有小弟招承，斷
不累及吾兄。再者，小弟屢屢唐突冒昧，蒙兄長的海涵，小弟
也要敬一杯，賠個禮才是。」說罷，斟了一杯，遞將過來。大
家說道：「理當如此。」

展爺連忙接過，一飲而盡，復又斟上一杯道：「五弟既不
掛懷劣兄，五弟與蔣四兄也要對敬一杯。」蔣爺道：「甚是，
甚是。」

二人站起來，對敬了一杯。眾人俱各大樂不止。然後歸座，
依然是兆蘭、兆蕙斟了門杯，彼此暢飲。又說了一回本地風光

的事體，到了開封府，應當如何的光景。

　　酒飯已畢，外面已備辦停當，展爺進內與丁母請安稟辭。臨別時，留下一封謝柬，是給松江府知府的，求丁家弟兄派人投遞。丁大爺、丁二爺送至莊外，眼看著五位英雄帶領著伴當數人，蜂擁去了。一路無話。

　　及至到了開封府。展爺便先見公孫策，商議求包相保奏白玉堂；然後又與王、馬、張、趙彼此見了。眾人見白玉堂少年英雄，無不羨愛。白玉堂到此時也就循規蹈矩，諸事仗盧大爺提撥。展爺與公孫先生來到書房，見了包相，行參已畢，將三寶呈上。包公便吩咐李才送至後面收了。展爺便將如何自己被擒，多虧茉花村雙俠搭救，又如何蔣平裝病，悄地裡拿獲白玉堂的話說了一遍；惟求相爺在聖上面前遞摺保奏。包公一一應允，也不升堂，便叫將白玉堂帶至書房一見。展爺忙至公所道：「相爺請五弟書房相見。」白玉堂站起身來就要走，蔣平上前攔住道：「五弟且慢。你與相爺是親戚是朋友？」玉堂道：「俱各不是。」蔣爺道：「既無親故，你身犯何罪？就是這樣見相爺，恐於理上說不去。」白玉堂猛然省悟道：「虧得四哥提拔，險些兒誤了大事。」未知如何，且聽下回分解。

# 第五十八回　錦毛鼠龍樓封護衛　鄧九如飯店遇恩星

　　且說白玉堂聽蔣平之言，猛然省悟道：「是呀，虧得四哥提拔，不然我白玉堂豈不成了叛逆了麼？展兄快拿刑具來。」

　　展爺道：「暫且屈尊五弟。」吩咐伴當快拿刑具來。不多時，不但刑具拿來，連罪衣罪裙俱有。立刻將白玉堂打扮起來。此時，盧方同著眾人，連王、馬、張、趙俱隨在後面。展爺先至書房，掀起簾櫳，進內回稟。不多時，李才打起簾子，口中說道：「相爺請白義士。」只一句，弄得白玉堂欲前不前，要退難退，心中反倒不得主意。只見盧方在那裡打手式，叫他屈膝。他便來至簾前，屈膝肘進，口內低低說道：「罪民白玉堂，有犯天條，懇祈相爺筆下超生。」說罷匍匐在地。包相笑容滿面道：「五義士不要如此，本閣自有保本。」回頭吩咐展爺去了刑具，換上衣服，看座。白玉堂哪裡肯坐。包相把白玉堂仔細一看，不由地滿心歡喜。白玉堂看了包公，不覺的凜然敬畏。

　　包相卻將梗概略為盤詰。白玉堂再無推諉，滿口應承。包相聽了點頭道：「聖上屢屢問本閣，要五義士者，並非有意加

罪，卻是求賢若渴之意。五義士只管放心。明日本閣保奏，必有好處。」

外面盧方聽了，連忙進來，一齊跪倒。白玉堂早已跪下。盧方道：「卑職等仰賴相爺的鴻慈，明日聖上倘不見怪，實屬萬幸；如若加罪時，盧方等情願納還職銜，以贖弟罪，從此做個安善良民，再也不敢妄為了。」包公笑道：「盧校尉不要如此，全在本閣身上，包管五義士無事。你等不知，聖上此時勵精圖治，惟恐野有遺賢，時常的訓示本閣，叫細細訪查賢豪俊義，焉有見怪之理。只要你等以後與國家出力報效，不負聖恩就是了。」說罷，吩咐眾人起來。又對展爺道：「展護衛與公孫主簿，你二人替本閣好好看待五義士。」展爺與公孫先生一一領命，同定眾人退了出來。

到了公廳之內，大家就座。只聽蔣爺說道：「五弟，你看相爺如何？」白玉堂道：「好一位為國為民的恩相。」蔣爺笑道：「你也知是恩相了。可見大哥堪稱是我的兄長，眼力不差，說個知遇之恩，誠不愧也。」幾句話，說得個白玉堂臉紅過耳，瞅了蔣平一眼，再也不言語了。旁邊公孫先生知道蔣爺打趣白玉堂，惟恐白玉堂年幼臉急，連忙說道：「今日我等雖奉相諭款待五弟，又算是我與五弟預為賀喜。候明日保奏下來，我們還要吃五弟喜酒哩。」白玉堂道：「只恐小弟命小福薄，無福

消受皇恩。倘能無事，弟亦當備酒與眾位兄長酬勞。」徐慶道：
「不必套話，大家也該喝一杯了。」趙虎道：「我剛要說，三
哥說了。還是三哥爽快。」回頭叫伴當，快快擺桌子端酒席。
登時進來幾個伴當，調開桌椅，安放杯箸。展爺與公孫先生還
要讓白玉堂上座，卻是馬漢、王朝二人攔住說：「住了，盧大
哥在此，五弟焉肯上坐？依弟等愚見，莫若還是盧大哥的首座，
其下俟次而坐，倒覺爽快。」徐慶道：「好！還是王、馬二兄
吩咐的是。我是挨著趙四弟一處坐。」趙虎道：「三哥，咱兩
個就在這邊坐，不要管他們。來、來、來，且喝一杯。」說罷，
一個提壺，一個執盞，二人就對喝起來。眾人見他二人如此，
不覺大笑，也不謙讓了，彼此就座，飲酒暢談，無不傾心。

及至酒飯已畢，公孫策便回至自己屋內，寫保奏摺底。開
首先敘展護衛二人前往陷空島拿獲白玉堂，皆是展昭之功。次
說白玉堂所作之事，雖暗昧小巧之行，卻是光明正大之事，仰
懇天恩赦宥封職，廣開進賢之門等語。請示包相看了，繕寫清
楚，預備明日五鼓謹呈御覽。

至次日，包公派展爺、盧大爺、王爺、馬爺隨同白玉堂入
朝。白五爺依然是罪衣罪裙，預備召見。到了朝房，包相進內
遞摺。仁宗看了。龍心大悅，立刻召見包相。包相又密密保奏
一番。天子即傳旨，派老伴伴陳林曉示白玉堂，不必罪衣罪裙，

只於平人眼色，帶領引見。陳公公念他殺郭安，暗救自己之恩，見了白玉堂，又致謝了一番。然後明發上諭，叫白玉堂換了一身簇新的衣服，更顯得少年英俊。及至天子臨朝，陳公公將白玉堂領至丹墀之上。仁宗見白玉堂一表人物，再想他所做之事，真有人所不能的本領，人所不能的膽量，聖心歡喜非常，就依著包卿的密奏，立刻傳旨：「加封展昭實受四品護衛之職。其所遺四品護衛之銜，即著白玉堂補授，與展昭同在開封府供職，以為輔弼。」白玉堂到了此時，心平氣和，惟有俯首謝恩。

下了丹墀。見了眾人。大家道喜。惟盧方更覺歡喜。

至散朝之後，隨到開封府。此時早有報錄之人報到，大家俱知白五爺得了護衛，無不快樂。白玉堂換了服色，展爺帶到書房，與相爺行參。包公又勉勵了多少言語，仍叫公孫先生替白護衛具謝恩摺子，預備明早入朝，代奏謝恩。一切事宜完畢，白玉堂果然設了豐盛酒席，酬謝知己。

這一日，群雄豪聚：上面是盧方，左有公孫先生，右有展爺。這邊廂王、馬、張，那邊廂趙、徐、蔣，白玉堂卻在下面相陪。大家開懷暢飲，獨有盧爺有些愀然不樂之狀。王朝道：「盧大哥，今日兄弟相聚，而且五弟封職，理當快樂，為何大哥鬱鬱不樂呢？」蔣平道：「大哥不樂，小弟知道。」馬漢道：

271

「四弟，大哥端的為著何事？」蔣平道：「二哥，你不曉得。我弟兄原是五人，如今四個人俱各受職，惟有我二哥不在座中。大哥焉有不想念的呢？」蔣平這裡說著，誰知盧爺那裡早已落下淚來。白玉堂便低下頭去了。眾人見此光景，登時的都默默無言。半晌，只聽蔣平歎道：「大哥不用為難。此事原是小弟做的，我明日便找二哥去如何！」白玉堂忙插言道：「小弟與四哥同去。」盧方道：「這倒不消。你乃新受皇恩，不可遠出。況且找你二哥，又不是私訪緝捕，要去多人何用？只你四哥一人足矣。」白玉堂說：「就依大哥吩咐。」公孫先生與展爺又用言語勸慰了一番，盧方才把愁眉展放。大家豁拳行令，快樂非常。

到了次日，蔣平回明相爺去找韓彰，自己卻扮了個道士行裝，仍奔丹鳳嶺翠雲峰而來。

且說韓彰自掃墓之後，打聽得蔣平等由平縣已然起身，他便離了靈佑寺，竟奔杭州而來，意欲遊賞西湖。一日，來到仁和縣，天氣已晚，便在鎮店找了客寓住了。吃畢晚飯後，剛要歇息，忽聽隔壁房中有小孩子啼哭之聲，又有個山西人嘮哩嘮叨不知說什麼。心中委決不下，只得出房來到這邊，悄悄張望。

見那山西人，左一掌，右一掌，打那小孩子，叫那小孩子

叫他父親，偏偏的那小孩子卻不肯。韓二爺看了，心中納悶。又見那小孩子捱打可憐，不由地邁步上前勸道：「朋友，這是為何？他一個小孩子家，如何禁得住你打呢？」那山西人道：「客官，你不曉得。這懷（壞）小娃娃是哦（我）前途花了五兩銀子買來作乾兒的。一爐（路）上哄著他遲（吃），哄著他哈（喝），他總叫哦（我）大收（叔）。哦就說他：『你不要叫哦（我）大收（叔），你叫我樂子，大收（叔）與樂子沒有什麼分別，不過是一蹭兒撥了罷』奈這娃娃到了店裡，他不伬不叫哦（我）樂子，連大收（叔）也不叫了，竟管著哦（我）叫一蹭兒。客官，你想想，這一蹭兒是懷什麼敦希（東西）呢？」韓爺聽了，不由地要笑。又見那小孩子眉目清秀，瞅著韓爺，頗有望救之意。韓爺更覺不忍，連忙說道：「人生各有緣分。我看這小孩子，很愛惜他。你若將他轉賣於我，我便將原價奉還。」那山西人道：「既如此，微贈些利息，我便賣給客官。」韓二爺道：「這也有限之事。」即向兜肚內摸出五六兩一錠，額外又有一塊不足二兩，托於掌上道：「這是五兩一錠，添上這塊，算作利息。你道如何？」那山西人看著銀子，眼中出火道：「求（就）是折（這）樣罷。我沒有娃娃累贅，我還要趕爐呢。咱蒙（們）仍蠅（人銀）兩交，各無反悔。」說罷，他將小孩子領過來，交與韓爺。韓爺卻將銀子遞過。這山西人接銀在手，頭也不回，揚長出店去韓爺反生疑忌。只聽小孩子道：「真便宜他，也難為他。」韓爺問道：「此話怎

講？」小孩子道：「請問伯伯住於何處？」

　　韓爺道：「就在間壁房內。」小孩子道：「既如此，請到
那邊再為細述。」韓爺見小孩子說話靈變，滿心歡喜，攜著手，
來到自己屋內。先問他吃什麼。小孩子道：「前途已然用過，
不吃什麼了。」韓爺又給他斟了半盞茶，叫他喝了，方慢慢問
道：「你姓甚名誰？家住哪裡？因何賣與山西人為子？」小孩
子未語先流淚道：「伯伯聽稟：我姓鄧名叫九如，在平縣鄧家
窪居住。只因父親喪後，我與母親娘兒兩個度日。我有一個二
舅，名叫武平安，為人甚實不端。一日，背負一人寄居我們家
中，說是他的仇人，要與我大舅活活祭靈。不想此人是開封府
包相爺的侄兒，我母親私行將他釋放。叫我找我二舅去，趁空
兒我母親就懸樑自盡了。」說至此，痛哭起來。韓爺聞聽，亦
覺慘然，將他勸慰多時，又問以後的情節。鄧九如道：「只因
我二舅所做之事，無法無天，況我們又在山環居住，也不報官，
便用棺材盛殮，於次日煩了幾個無賴之人，幫著抬在山窪掩埋。
是我一時思念母親死的苦情，向我二舅啼哭。誰知我二舅不加
憐憫，反生怨恨，將我踢打一頓。我就氣悶在地，不知魂歸何
處。不料後來甦醒過來，覺得在人身上，就是方纔那個山西人。
一路上多虧他照應吃喝，來到此店。這是難為他。所便宜他的
原故，他何嘗花費五兩銀子，他不過在山窪將我撿來，折磨我
叫他父親，也不過是轉賣之意。幸虧伯伯搭救，白白的叫他詐

去銀兩。」

　　韓爺聽了，方知此子就是鄧九如。見他伶俐非常，不由地滿心歡喜。又是嘆息當初在靈佑寺居住時，聽得不甚的確，如今聽九如一說，心內方才明白。只見九如問道：「請問伯伯貴姓？因何到旅店之中？卻要往何處去？」韓爺道：「我姓韓名彰，要往杭州有些公幹。只是道路上帶你不便，待我明日將你安置個妥當地方，候我回來，再帶你上東京便了。」九如道：「但憑韓伯伯處置。使小侄不至漂泊，那便是伯父再生之德了。」說罷，流下淚來。韓爺聽了，好生不忍道：「賢侄放心，休要憂慮。」

　　又安慰了好些言語，哄著他睡了，自己也便和衣而臥。

　　到次日天明，算還了飯錢，出了店門。惟恐九如小孩子家吃慣點心，便向街頭看了看，見路西有個湯圓鋪，攜了九如來到鋪內，揀了個座頭坐了，道：「盛一碗湯圓來。」只見有個老者端了一碗湯圓，外有四碟點心，無非是糖耳朵、蜜麻花、蜂糕等類，放在桌上。手持空盤，卻不動身，兩隻眼睛直勾勾的瞅著九如，半晌嘆了一口氣，眼中幾幾乎落下淚來。韓二爺見此光景，不由地問道：「你這老兒，為何瞅著我侄兒？難道你認得他麼？」那老者道：「小老兒認卻不認得。只是這位小

相公有些廝象。」韓爺道：「他像誰？」那老兒卻不言語，眼淚早已滴下。韓爺更覺犯疑，連忙道：「他到底像誰？何不說來？」

那老者拭了淚道：「軍官爺若不怪時，小老兒便說了。只因小老兒半生乏嗣，好容易生了一子，活到六歲上，不幸老伴死了，撇下此子，因思娘，也就嗚呼哀哉了。今日看見小相公的面龐兒，頗頗的像我那……」說到這裡，卻又嚥住不言語了。韓爺聽了，暗暗忖度道：「我看此老頗覺誠實，而且老來思子，若九如留在此間，他必加倍疼愛，小孩子斷不至於受苦。」想罷便道：「老丈，你貴姓？」那老者道：「小老兒姓張，乃嘉興府人氏。在此開湯圓鋪多年。鋪中也無多人，只有個夥計看火，所有座頭俱是小老兒自己張羅。」韓爺道：「原來如此。我告訴你，他姓鄧，名叫九如，乃是我侄兒。只因目下我到杭州有些公幹，帶著他行路甚屬不便。我意欲將這侄兒寄居在此，老丈你可願意麼？」張老兒聽了，眉開目笑道：「軍官既有公事，請將小相公留居在此。只管放心，小老兒是會看承的。」韓爺又問九如道：「侄兒，你的意下如何？我到了杭州，完了公事，即便前來接你。」九如道：「伯伯既有此意，就是這樣罷。又何必問我呢。」韓爺聽了，知他願意，又見老者歡喜無限。真是兩下情願，事最好辦。韓爺也想不到如此的爽快。回手在兜肚內掏出五兩一錠銀子來，遞與老者道：「老丈，這是

些須薄禮，聊算我侄兒的茶飯之資，請收了罷。」張老者哪裡
肯受。

　　不知說些什麼話來，且聽下回分解。

# 第五十九回　倪生賞銀包興進縣　金令贈馬九如來京

　　且說張老見韓爺給了一錠銀子，連忙道：「軍官爺太多心了。就是小相公每日所費無幾，何用許多銀兩呢？如怕小相公受屈，留下些須銀兩也就夠了。」韓爺道：「老丈若要推辭，便是嫌輕了。」張老道：「既如此說，小老兒就從命了。」連忙將銀接過。韓爺又說道：「我這侄兒，煩老丈務要分心的。」又對九如道：「侄兒耐性在此，我完了公事，即便回來。」九如道：「伯父只管放心料理公事。我在此與張老伯盤桓是不妨事的。」韓爺見九如居然大方，全無小孩子情態，不但韓二爺放心，而且，張老者聽見鄧九如稱他為張老伯，樂得他心花俱開，連稱：「不敢，不敢！軍官爺只管放心。小相公交付小老兒，理當分心，不勞吩咐的。」韓二爺執了執手，鄧九如又打了一恭。韓爺便出了湯圓鋪，回頭屢屢，頗有不捨之意。從此，韓二爺直奔杭州，鄧九如便在湯圓鋪安身不表。

　　且說包興自奉相諭，送方善與玉芝小姐到合肥縣小包村，諸事已畢。在太老爺、太夫人前請安叩辭，賞銀五十兩；又在大老爺、大夫人前請安稟辭，也賞了三十兩；然後又替二老爺、

二夫人請安稟辭，無奈何賞了五兩銀子；又到寧老先生處稟了辭。便吩咐伴當扣備鞍馬，牢拴行李，出了合肥縣，迤邐行來。

　　一日，路過一莊，但見樹木叢雜，房屋高大，極其凶險。包興暗暗想道：「此是何等樣人家，竟有如此的樓閣大廈？又非世冑，又非鄉宦，到底是個什麼人呢？」正在思索，不提防咕咚的響了一槍。坐下馬是極怕響的，忽得一聲，往前一躥。

　　包興也未防備，身不由己掉下馬來。那馬咆哮著跑入莊中去了。幸喜包興卻未跌著。伴當連忙下馬攙扶。包興道：「不妨事，並未跌著。你快去進莊將馬追來，我在此看守行李。」伴當領命進莊去了。不多時，喘吁吁跑了回來道：「了不得，了不得，好厲害！世間竟有如此不講理的。」包興問道：「怎麼樣了？」伴當道：「小人追入莊中，見一人肩上擔著一桿槍，拉著咱的馬。小人上前討取，他將眼一瞪道：『你這廝，如何的可惡！俺打的好好樹頭鳥，被你的馬來，將俺的樹頭鳥俱各驚飛了。你還敢來要馬！如若要馬時，須要還俺滿樹的鳥兒，讓俺打的盡了，那時方還你的馬。』小人打量他取笑兒，向前賠禮，央告道：『此馬乃我主人所乘，只因聞槍怕響，所以驚躥起來，將我主人閃落，跑入貴莊。爺爺休要取笑，乞賜見還是懇。』誰知那人道：『什麼懇不懇，俺全不管。你打聽打聽，俺太歲莊有空過的麼？你去回復你主人，如要此馬，叫他拿五

十兩銀子來此取贖。』說罷，他將馬就拉進去了。想世間那有如此不講理的呢？」包興聽了也覺可氣，便問：「此處係何處所轄？」伴當道：「小人不知。」包興道：「打聽明白了，再作道理。」說罷，伴當牽了行李馬匹先行，包興慢慢在後步行。走不多路，伴當復道：「小人才已問明，此處乃仁和縣地面，離街有四里之遙。縣官姓金，名必正。」

你道此人是誰？他便是顏查散的好友。自服闋之後，歸部銓選，選了此處的知縣。他已曾查訪，此處有此等惡霸，屢屢要剪除他。無奈吏役舞弊欺瞞，尚未發覺。不想包興今日為失馬，特特的要拜會他。

且說包興暫時騎了伴當所乘之馬，叫伴當牽著馬垛子，隨後慢慢來到縣衙相見。果然走了三里來路，便到鎮市之上，雖不繁華，卻也熱鬧。只見路東巷內路南便是縣衙。包興一伸馬進了巷口，到了衙前下馬。早有該值的差役，見有人在縣前下馬，迎將上去，說了幾句。只聽那差役喚號裡接馬，恭恭敬敬將包興讓進，暫在科房略坐，急速進內回稟。不多時，請至書房相見。

只見那位縣爺有三旬年紀，見了包興，先述未得迎接之罪，然後彼此就座。獻茶已畢，包興便將路過太歲莊，將馬遺失，

本莊勒按不還的話說了一遍。金令聽了，先賠罪道：「本縣接任未久，地方竟有如此惡霸，欺侮上差，實乃下官之罪。」說罷一揖。包興還禮。金令急忙喚書吏，派馬快前去要馬。書吏答應下來。金令卻與包興提起顏查散是他好友。包興道：「原來如此。顏相公乃是相爺得意門生，此時雖居翰苑，大約不久就要提升。」金令又要托包興寄信一封，包興一一應允。

正說話間，只見書吏去不多時，復又轉來，悄悄地請老爺說話。金令只得暫且告罪失陪。不多時，金爺回來，不等包興再問，便開口道：「我已派人去了，誠恐到了那裡，有些耽擱，貽誤公事，下官實實吃罪不起。如今已吩咐將下官自己乘用之馬備來，上差暫騎了去。俟將尊馬要來，下官再派人送去。」

說罷，只見差役已將馬拉進來，請包興看視。包興見此馬比自己騎的馬勝強百倍，而且鞍韉鮮明，便道：「既承貴縣美意，實不敢辭。只是太歲莊在貴縣地面，容留惡霸，恐於太爺官聲是不相宜的。」金令聽了，連連稱是道：「多承指教。下官必設法處治。懇求上差到了開封，在相爺跟前代下官善為說辭。」

包興滿口應承。又見差役進來回道：「跟老爺的伴當，牽著行李垛子，現在衙外。」包興立起身來辭了。差役將馬牽至

二堂之上。金令送至儀門，包興攔住不許外送。到了二堂之上，包興伴當接過馬來，出了縣衙，便乘上馬。後面伴當拉著垜子。

剛出巷口，伴當趕上一步回道：「此處極熱鬧的鎮店。從清早直到此時，爺還不餓麼？」包興道：「我也有些心裡發空。咱們就在此找個飯鋪打尖罷。」伴當道：「往北去，路西裡會仙樓是好的。」包興道：「既如此，咱們就到那裡去。」

不一時，到了酒樓門前。包興下馬，伴當接過去拴好。伴當卻不上樓，就在門前走桌上吃飯。包興獨步登樓一看，見當門一張桌空閒，便坐在那裡。抬頭看時，見那邊靠窗有二人坐在那裡，另具一番英雄氣概：一個是碧睛紫髯，一個是少年英俊，真是氣度不凡，令人好生的羨慕。

你道此二人是誰？那碧睛紫髯的，便是北俠複姓歐陽名春，因是紫巍巍一部長髯，人人皆稱他為紫髯伯。那少年英俊的，便是雙俠的大官人丁兆蘭，只因奉母命，與南俠展爺修理房屋整理於‧‧以為來春畢姻。丁大官人與北俠，原是素來聞名未曾見面的朋友，不期途中相遇，今約在酒樓吃酒。包興看了堂倌過來，問了酒菜，傳下去了。又見上來了主僕二人，相公有二十年紀，老僕卻有五旬上下，與那二人對面坐了。因行路難以拘禮，也就叫老僕打橫兒坐了。不多時，堂倌端上酒來，包

興慢慢的消飲。

　　忽聽樓梯聲響，上來一人，攜著一個小兒。卻見小兒眼淚汪汪，那漢子怒氣昂昂，就在包興坐的座頭斜對面坐了。小兒也不坐下，在那裡拭淚。包興看了，又是不忍，又覺納悶。早已聽見樓梯響處，上來了一個老頭兒，眼似鑾鈴，一眼看見那漢子，連忙上前跪倒，哭訴道：「求大叔千萬不要動怒。小老兒雖然短欠銀兩，慢慢地必要還清，分文不敢少的。只是這孩子，大叔帶他去不得的。他小小年紀，又不曉事，又不能幹，大叔帶去怎麼樣呢？」那漢子端坐，昂然不理，半晌說道：「俺將此子帶去，作個當頭。候你將賬目還清，方許你將他領回。」那老頭兒著急道：「此子非是小老兒親故，乃是一個客人的侄兒，寄在小老兒鋪中的。倘若此人回來，小老兒拿什麼還他的侄兒？望大叔開一線之恩，容小老兒將此子領回。緩至三日，小老兒將鋪內折變，歸還大叔的銀子就是了。」說罷，連連叩頭。只見那漢子將眼一瞪道：「誰耐煩這些。你只管折變你的去，等三日後到莊取贖此子。」

　　忽見那邊老僕過來，對著那漢子道：「尊客，我家相公要來領教。」那漢子將眼皮兒一撩道：「你家相公是誰？素不相識，見我則甚？」說至此，早有位相公來到面前道：「尊公請了。學生姓倪名叫繼祖。你與老丈為著何事？請道其詳。」那

283

漢子道：「他拖欠我的銀兩，總未歸還。如今要將此子帶去，見我們莊主，作個當頭。相公，你不要管這閒事。」倪繼祖道：「如此說來，主管是替主索賬了。但不知老丈欠你莊主多少銀兩？」那漢子道：「他原借過銀子五兩，三年未還，每年應加利息銀五兩，共欠紋銀二十兩。」那老者道：「小老兒曾歸還過二兩銀，如何欠的了許多？」那漢子道：「你縱然歸還過二兩銀，利息是照舊的。豈不聞，『歸本不抽利』麼？」只這一句話，早惹起那邊兩個英雄豪俠，連忙過來，道：「他除歸過的，還欠你多少？」那漢子道：「尚欠十八兩。」倪繼祖見他二人滿面怒氣，惟恐生出事來，急忙攔道：「些須小事，二兄不要計較於他。」回頭向老僕道：「倪忠，取紋銀十八兩來。」

只見老僕向那邊桌上打開包裹，拿出銀來，連整帶碎，約有十八兩之數，遞與相公。倪繼祖接來，才待要遞給惡奴，卻是丁兆蘭問道：「且慢。當初借銀兩時，可有借券？」惡奴道：「有。在這裡。」回手掏出，遞給相公。相公將銀兩付給。那人接了銀兩下樓去了。

此時，包興見相公代還銀兩，料著惡奴不能帶去小兒，便過來將小兒帶至自己桌上，哄著吃點心去了。這邊老者起來，又給倪繼祖叩頭。倪繼祖連忙攙起問道：「老丈貴姓？」老者道：「小老兒姓張，在這鎮市之上開個湯圓鋪生理。三年前曾

借這太歲莊馬二員外銀五兩，是托此人的說合。他名叫馬祿。
當初不多幾月就歸還他二兩，誰知他仍按五兩算了利息，生生
的詐去許多，反累得相公妄費去銀兩，小老兒何以答報。請問
相公意欲何往？」倪相公道：「些須小事，何足掛齒。學生原
是欲上東京預備明年科考，路過此處打尖，不想遇見此事。這
也是事之偶然耳。」又見丁兆蘭道：「老丈，你不吃酒麼？相
公既已耗去銀兩，難道我二人連個東道也不能麼？」說罷大家
執手道了個「請」字，各自歸座。張老兒已瞧見鄧九如在包興
那邊吃點心呢，他也放了心了，就在這邊同定歐陽春三人坐了。

丁大爺一邊吃酒，一邊盤問太歲莊。張老兒便說起馬剛如
何倚仗總管馬朝賢的威勢，強梁霸道，無所不為，每每竟有造
反之心。丁大爺只管盤詰，北俠卻毫不介意，置若罔聞。此時，
倪繼祖主僕業已用畢酒飯，會了錢鈔，又過來謙讓。北俠二人，
各不相擾。彼此執手，主僕下樓去了。

這裡張老兒也就辭了二人，向包興這張桌上而來。誰知包
興早已問明了鄧九如的原委，只樂得心花俱開，暗道：「我臨
起身時，三公子諄諄囑咐於我，叫我在鄧家窪訪查鄧九如，務
必帶至京師，偏偏的再也訪不著。不想卻在此處相逢。若非失
馬，焉能到了這裡。可見凡事自有一定的。」正思想時，見張
老過來道謝。包興連忙讓座，一同吃畢飯，會鈔下樓，隨至湯

圓鋪內。包興悄悄將來歷說明。「如今要把鄧九如帶往開封，
意欲叫老人家同去，不知你意下如何？」要知張老兒說些什麼，
且聽下回分解。

世紀前百大文學系列作品

书名：七俠五義 卷二

ISBN：978-1978193864

作者：石玉昆

封面设计：C.S. Creative Design

出版日期：2017 / 04 / 01

建议售价：US$ 17.99 / CDN$ 19.71

出版：C.S. Publish

CPSIA information can be obtained
at www.ICGtesting.com
Printed in the USA
LVHW03s1846240918
591189LV00003B/523/P